dtv

Pralinen, Rosen, Eau de Toilette – Originelleres fällt oft selbst dem kreativsten Mann nicht ein, wenn er seiner Auserwählten, seiner Mutter oder einer Kollegin etwas schenken will. Und nicht ohne Neid blickt er auf die wunderbaren und willkommenen Geschenke, die sich Frauen untereinander machen. Statt des erhofften »Oh, das ist aber hübsch!« erhält er als Reaktion auf *seine* Präsente im besten Fall nur ein gequältes Lächeln. Doch dem kann abgeholfen werden: Hier wird endlich einmal aufgeführt, womit man(n) Frauen wirklich Freude bereiten kann, und der Schenkunkundige erfährt auch, daß es für jede Frau die passende Geschenkidee gibt. Wenn er wissen will, ob er noch zu den Geschenk-Laien oder vielleicht doch schon zu den Profis gehört, kann er in einem Ignoranzlevel-Test auch seine Kompetenz in Sachen Schenken ermitteln. Die hier an den Mann gebrachten Erkenntnisse über die wahren Frauenwünsche sind übrigens aus einer EMNID-Umfrage gewonnen. Dieser Leitfaden hat also Hand und Fuß!

Egbert Deekeling, geboren 1955, ist Kommunikationsberater und Autor von Hörspielen, Buch- und Kabarettbeiträgen. Er lebt in Düsseldorf.
Bernd Mayer, geboren 1946, ist Texter, Redakteur und Verleger mit dem Spezialgebiet Italien und Reisen durch Osteuropa; er schreibt für Tageszeitungen, Magazine und Special-Interest-Zeitschriften. Bernd Mayer lebt seit 1983 in Hohenlohe.

Was sich Frauen wünschen

Eine Orientierungshilfe
für Männer mit Schenkblockade

Von Egbert Deekeling und Bernd Mayer

Deutscher Taschenbuch Verlag

Originalausgabe
Mai 1998
Deutscher Taschenbuch Verlag GmbH & Co. KG, München

Zuerst erschienen als nicht im Buchhandel erhältliche Ausgabe
ISBN 3-924244-24-X
Umschlagkonzept: Balk & Brumshagen
Umschlagfoto: © SSI/Bavaria Bildagentur
Satz und Gestaltung: Norbert Pautner, München
Gesetzt aus der Galliard 10/16 pt (QuarkXPress 3.32)
Druck und Bindung: C. H. Beck'sche Buchdruckerei, Nördlingen
Gedruckt auf säurefreiem, chlorfrei gebleichtem Papier
Printed in Germany · ISBN 3-423-36080-1

Inhalt

Ein kleiner Prolog

Es gibt ein unglaubliches Phänomen, das in regelmäßigen Intervallen ganze Heerscharen von Männern erfaßt. Sein Name: Geschenkstreß. Kurz vor Nikolaus, Weihnachten, Valentinstag, Muttertag und Ostern tritt es epidemieartig auf. Aber auch vor Hochzeits- oder Geburtstagen befällt es in eigenartigen Schüben selbst die ausgeglichensten Männer und treibt sie alle zur Verzweiflung. Die Symptome: Blackout der für Geschenkideen zuständigen Gehirnregion, notorische Einfallsarmut, anhaltende Denkblockaden. Hoffnungslos und niedergeschlagen greifen die infizierten Männer dann oft zu Dingen, die als Geschenk den damit »beglückten« Damen nur ein gespieltes Lächeln abringen können. Ein Teufelskreis?
Nein, denn es gibt zum Glück ja Bauknecht. Und Bauknecht weiß bekanntermaßen, was sich Frauen wünschen. Deshalb hat Bauknecht zwei EMNID-Umfragen durchgeführt: Zum einen wurden die Frauen nach ihren Wünschen befragt, zum anderen gaben die Männer darüber Auskunft, was sie denn für die größten Frauenwünsche hielten. Die Antworten waren nicht deckungsgleich, was die Frauen aus leidvoller Erfahrung schon vorher wußten.

Die Umfrageergebnisse überraschten dabei alle Beteiligten. Denn nicht Juwelen, Gold und Silber oder Parfums erwiesen sich als die großen Hits unter den Geschenkwünschen der Frauen. Reisen, insbesondere City-Trips, liegen mit eindeutigem Abstand an erster Stelle, gefolgt von Beautykuren auf der Schönheitsfarm und gutem Essen. Aber auch zum Beispiel ein Designerkostüm kommt bei Frauen gut an. Fast jede fünfte Frau hätte gerne eines.
Die Ergebnisse dieser Umfrage wurden bereits von Bauknecht in einem kleinen Bändchen, herausgegeben von Dr. Beatrice Pirkham und Susanne Tibaldeschi, erfolgreich publiziert, denn sie sind so interessant, daß man dieses Wissen unbedingt an die unwissende Männerwelt weitergeben sollte, sozusagen als »Last minute«-Geschenktip für ratlose Männer. Das soll auch dieses Büchlein leisten.

Orientierungshilfe für Männer mit Schenkblockade

Damit wären wir beim Zweck dieses Bändchens: Als Orientierungshilfe für Männer mit Denk- und Schenkblockade oder Entscheidungsschwäche hilft es zuverlässig, wenn die oben beschriebenen Symptome des »Morbus geschenkideensis« einsetzen. In diesen

Fällen hilft jetzt ganz einfach der Griff zu diesem Vademekum. Denn eines ist sicher: Der hohe männerspezifische Ignoranzlevel sorgt sonst mit Sicherheit dafür, daß im entscheidenden Moment wieder ein Blackout droht.

Dieses Buch ist kein Danaergeschenk

Das Buch gibt nicht nur gute Anregungen, sondern auch kleine Tips zur Vermeidung von Fehlern und Peinlichkeiten. Die Reihenfolge der Kapitel orientiert sich übrigens an der Beliebtheit der Geschenke. Wichtig für Ihre Entscheidungsfindung im Geschenkfall: Bedenken Sie immer, welche Frau Sie beschenken wollen (oder müssen). Wir unterscheiden hier im wesentlichen zwischen Ehefrauen, Geliebten, Freundinnen, Lebensgefährtinnen, Müttern, Töchtern, Enkelinnen, Patentöchtern, Vorgesetzten und Kolleginnen. Das entsprechende Feingefühl im Umgang mit den einzelnen Damen muß allerdings Ihre Psyche beisteuern.
Tragen Sie dieses handliche Büchlein am besten immer bei sich! Da es diskret in jede Jackentasche paßt, wird es niemandem auffallen. Alle werden nur verwundert sein, wie treffsicher Ihr Geschenkinstinkt plötzlich geworden ist.

Reisen

»Eine Frau reist mit Gefühl, ein Mann mit Foto- und Filmapparat.«

Heinz Weder

Anlässe, auf die Frauen abfahren

Wer die höchste Treffsicherheit beim Schenken sucht: Reisen, vor allem City-Trips, sind bei Frauen sehr gefragt. Mehr als die Hälfte* aller Frauen wünscht sich ein »Reisepräsent«. Doch bevor Sie jetzt Ihre Frau oder Freundin einfach Stand-by nach Kuala Lumpur oder Wladiwostok verfrachten: Frauen lieben vor allem anregende Städtereisen. Sie wollen bummeln, einkaufen, Museen und Galerien besuchen, gut essen. Mit Paris, London, Rom und Madrid liegen Sie da sicher besser im Rennen als etwa mit Bonn oder Bielefeld.

Wie schenkt man Reisen?

Besonders wichtig: Schenken Sie allen Reiseimponderabilien vorab große Aufmerksamkeit. Verwechseln Sie ein Reisegeschenk nicht mit der Urlaubsplanung. Der Urlaub ist kein Geschenkanlaß, sondern ein wesentlicher Teil der jährlichen Freizeitplanung. Kurzreisen bieten sich da weitaus besser an. Und eine solche Reise, bei der Sie Ihre Auserwählte gerne begleiten dürfen (es sei denn, sie schließt es aus-

*exakt 54,2 Prozent

drücklich aus und will lieber einmal mit der Freundin fahren), sollte immer einen besonderen Spaßfaktor haben. Wir denken hier an Sport- oder Erlebnisreisen, Kultur- und Event-Trips, Shopping und Konzerttouren... oder eine Kombination daraus.

Wohin mit welcher Frau?

Trips, die sich 18–29jährige gerne finanzieren lassen

Malerische Sonnenuntergänge auf Hiddensee, Trinkkur in Evian les Bains sind alles keine Reisehits für Girlies und junge Frauen. Erlebnisreisen sind in dieser Altersgruppe begehrt. Schauen Sie in den Reisekatalogen nach Angeboten, die mit -ing enden, zum Beispiel Paragliding, River-Rafting, In-line-Skating, Canyoning, Bungee-Jumping etc., und Sie landen einen Erfolgstreffer. Fun ist angesagt. Am besten schließen Sie gleich eine gute Unfallversicherung ab, wenn Sie die Reise buchen.

Ausflüge, auf die 30–49jährige fliegen

Was für Girlies der Spaßfaktor, ist für die Frau zwischen 30 und 50 die Eventtour. Zum Beispiel zum Formel-I-Rennen nach Monte Carlo. Oder zur

Opernpremiere an die Metropolitan in New York. Oder zur großen Herbstmodenschau der Haute-Couture-Designer nach Paris. Klammern Sie sich als Begleiter besser aus. Die beste Freundin ist als Mitreisende eher gefragt. Wenn Sie zur Eifersucht neigen: Adressen von Detektivbüros stehen in den Gelben Seiten.

Touren, die auch für die über 50jährigen nicht zur Tortur werden

Ausspannen in Marienbad, Olivenernte bei Freunden in der Toskana, mit dem Rucksack durch die schöne Insel La Palma: Das sind Reisen, mit denen man die Dame über 50 erfreuen kann. Die reifere Dame läßt sich schon auch einmal zu einer Weinreise nach Burgund oder ins Piemont verführen. Ganz abgesehen von ihrer ausgeprägten Vorliebe für Schlemmertouren oder Schönheitskuren. Beides läßt sich bei entsprechender Zielplanung auch gut miteinander kombinieren.

Wohin schicken Sie Ihre Teenie-Tochter auf Tour?

Natürlich kommen für Ihre 16jährige Tochter nur heiße City-Trips wie Amsterdam, London, Berlin,

Madrid oder Lissabon in Frage. Vor allem Flohmärkte sind beliebte Reisespektakel. Ganz hoch notiert in der Teenie-Gunst: die Love-Parade in Berlin. Wenn Ihnen hierauf Ihre Frau mit dem Entzug des Sorgerechts droht: Bleiben Sie gelassen! Ihre Tochter wird wie so viele Töchter vor ihr auch einen solchen Trip überstehen. Bitten Sie sie aber bloß nicht, Ihnen Tulpen aus Amsterdam mitzubringen.

Wenn Sie nicht wollen, daß sich Ihre Kleine beim Skysurfen über den Alpen leichte oder schwere Blessuren zuzieht: Schicken Sie sie doch auf eine Sprachreise nach England. Wenn die dortige Küche auch zu wünschen übrig läßt – mit guten Englischnoten wird es die junge Dame später einmal viel leichter haben. Und nicht zu vergessen die netten Italiener und Franzosen, die dort auch ihre Sprachkenntnisse verbessern wollen …

Die beste aller Ehefrauen geht gern auf Shopping-Tour

Paris, Rom, Prag, Mailand, New York (zum Beispiel zum Christmas-Shopping): (Ehe-)Frauen lieben es, ausgiebig in schönen Städten zu shoppen. Hier ein besonders ausgefallener Tip für ein Reise- oder Shopping-Erlebnis der besonderen Art: ein Trip an die

Côte d´Azur mit einem Abstecher nach Monte Carlo. Dort kann Ihre Gemahlin das Unfaßbare erleben: eine echte Prinzessin hinter dem Ladentisch eines Jeansladens. Ja, doch, auch beim zweiten Hinsehen handelt es sich um keine Fata Morgana, es ist tatsächlich Prinzessin Stephanie, die jüngste Grimaldi-Tochter, die mitten im Geschäftsviertel von Monaco edle Jeans verhökert.
Das Ambiente ist natürlich erlesen: große Spiegel, trendy Bilder, einladende Tische in warmen Holztönen. »Replay« ist der Name dieser Edelboutique mit integriertem Café – und alles erinnert ein wenig an die Welt des Kinos. Vielleicht war ja hier ein Remake mit Fürstin Gracia Patricia alias Grace Kelly geplant? Höhepunkt der Einkaufsveranstaltung ist für Ihre Gattin sicher, wenn nach geglückter Jeans-Anprobe Prinz Albert mit einem wohlwollenden Blick ihren guten Geschmack quittiert (und die Prinzessin dazu mehrere größere Scheine einstreicht).

Reiseziele für frisch Verliebte

Verwöhnen Sie sich und Ihre Geliebte einmal ganz outstanding und luxuriös: mit einer Kurzreise in eine Edelherberge. Zwei Übernachtungen in einer Suite inklusive Frühstückschampagner, Festmenü und

Brunch sind schon ab rund 1000 Mark zu haben. Für ein zusätzliches Abendessen mit üppigem Trinkgelage, teuren Zigarren und anderen Ausschweifungen kommen leicht noch einmal gut 300 Mark zusammen. Doch was wird für diesen netten Preis nicht alles geboten: ein Riesenzimmer mit mindestens zwei Sitzlandschaften, zwei Schreibtische (damit Sie beide auch Ihr Tagebuch fortführen können), jede Menge feiner Spiegel, Marmorwaschtische und was des Luxuslebens Höhepunkte sonst noch sind. Natürlich nehmen Sie das Frühstück »en suite« auf dem Zimmer. Stören Sie sich nicht an den stets frischen Orchideen – die sind im Preis inbegriffen. Und seien Sie gewiß, der junge Zimmerkellner wird die feinen Dessous, die aus gegebenem Anlaß im Schlafzimmer verstreut sind, geflissentlich übersehen. Zu einer echten Hotelsuite gehören selbstverständlich auch zwei TV-Geräte, so daß auch asynchrones Zappen zu lustvollen Sinneswahrnehmungen führen kann.

Da kommt Ihre Omi in Fahrt

Großmütter lieben die Gesellschaft. Butterfahrten, Kaffeefahrten, Kreuzfahrten – überall da, wo's vielleicht auch noch ein gutes Schnäppchen zu ergattern gibt, sind Omis in ihrem Element. Also: Schenken Sie ihr nicht einfach eine neue Heizdecke, schenken Sie ihr ein Ticket.

Ideale Reiseziele für Mama

Ihrer Mutter können Sie (hoffentlich!) keinen größeren Gefallen tun, als daß Sie selbst ab und zu bei ihr anreisen. Aber spendieren Sie Ihr ruhig auch einmal einen kleinen Weekend-Trip – beispielsweise zum Weihnachtsmarkt nach Nürnberg oder Rothenburg, zum Kur-Weekend nach Baden-Baden oder in den Westerwald. Wahrscheinlich wird ihr Reisemitbringsel für Sie den Wert der Reise wieder mehr als ausgleichen.
Sollte die Mama es weniger gediegen mögen: siehe Shopping-Tour für die Ehefrau. Die Mitbringsel von dieser Reise wird Ihre Frau Mutter allerdings für sich behalten.

Und der Rest der weiblichen Familie und Bekannten?

Der Schwester oder der Patentochter schenkt man keine Reisen. Die Kollegin hat auch was anderes als Präsent verdient. Die Chefin hat sicher Geld genug, um sich selbst ihre Reiseträume zu erfüllen. Nachbarinnen, Untermieterinnen, Tennispartnerinnen etc. sind ebenfalls kein Fall fürs Reisegeschenk.

Jeden auf seine Reise

Zu einem Reisegeschenk mit individuellem Touch zählt natürlich, daß Sie sich um die Tickets und Hotels selbst kümmern. Große Fluggesellschaften, Kreditkartenfirmen oder gute Reisebüros buchen gerne ein attraktives Arrangement für Sie – inklusive Highlights wie zum Beispiel dem Opern-Event an der Mailänder Scala oder der »Jedermann«-Premiere in Salzburg (nicht jedermanns Sache, da auch oft zu gesalzenen Preisen!). Wenn Ihre Frau sich wünscht, daß Sie als Reisebegleiter mitkommen, gilt das als Aufforderung, ihr viel Zeit zu widmen. Hoffen Sie dann nicht darauf, Ihr Golfhandicap verbessern zu können!

Reisen, die bei Frauen nicht gut ankommen

Geschäftsreisen, die Sie alleine antreten. Krumme Touren, die einen längeren Aufenthalt hinter Gittern nach sich ziehen. Weltreisen, die zum Beispiel nur von Baiern nach Übersee führen (weil es sich um 85625 Baiern und 83236 Übersee, zwei Ortschaften in Bayern, handelt!). Längere Besuche bei Ihrer Mutter, die sie ohne Sie absolvieren muß, weil Sie »geschäftlich verhindert« sind.

Die allergrößten Peinlichkeiten

Ihre Frau oder Freundin wünscht sich eine romantische Raddampferfahrt auf dem Mississippi, Sie dagegen haben eine Radtour mit dem Mountain-Bike auf den Mont Blanc gebucht. Jetzt gibt es nur noch eine Rettung: Demonstrieren Sie Ihr, wie romantisch-melodisch Sie jodeln können. Schenken Sie Ihr aber nach dem Abstieg nicht aus lauter Sentimentalität auch noch ein Dirndl. Sie wird Ihnen sonst bestimmt Ihren schönen Gamsbart stutzen!
Ein anderes Beispiel: Sie hat Sehnsucht nach Arkadien. Und Sie buchen eine Griechenlandreise, die ausgerechnet nach Athos, den Berg der Männer, absolut »off limits« für Frauen, führt. Bedenken Sie auch, daß ein Pauschalarrangement nach Rimini höchstens bei einer Fellini-Verehrerin Entzücken auslöst. Heftigst abraten müssen wir auch von Campingreisen durch Florida oder Einkaufstrips nach Moskau. Jede Frau weiß dann, daß Sie sich (zu) wenig Gedanken um ihre Sicherheit machen. Der größte Fehlgriff: ihr statt der heißersehnten Reise nur ein Reisebuch zu

schenken. Es sei denn, das Ticket für die Reise liegt gut sichtbar zwischen den Buchseiten versteckt.

Kleine Tips für Exkursionen

Die beliebtesten Reisegeschenke sind:

- Shopping-Weekends
- Kunsttrips
- Schlemmertouren
- Fitneß- und Wellnesstage
- Sportevents
- An die See
- Auf die Insel

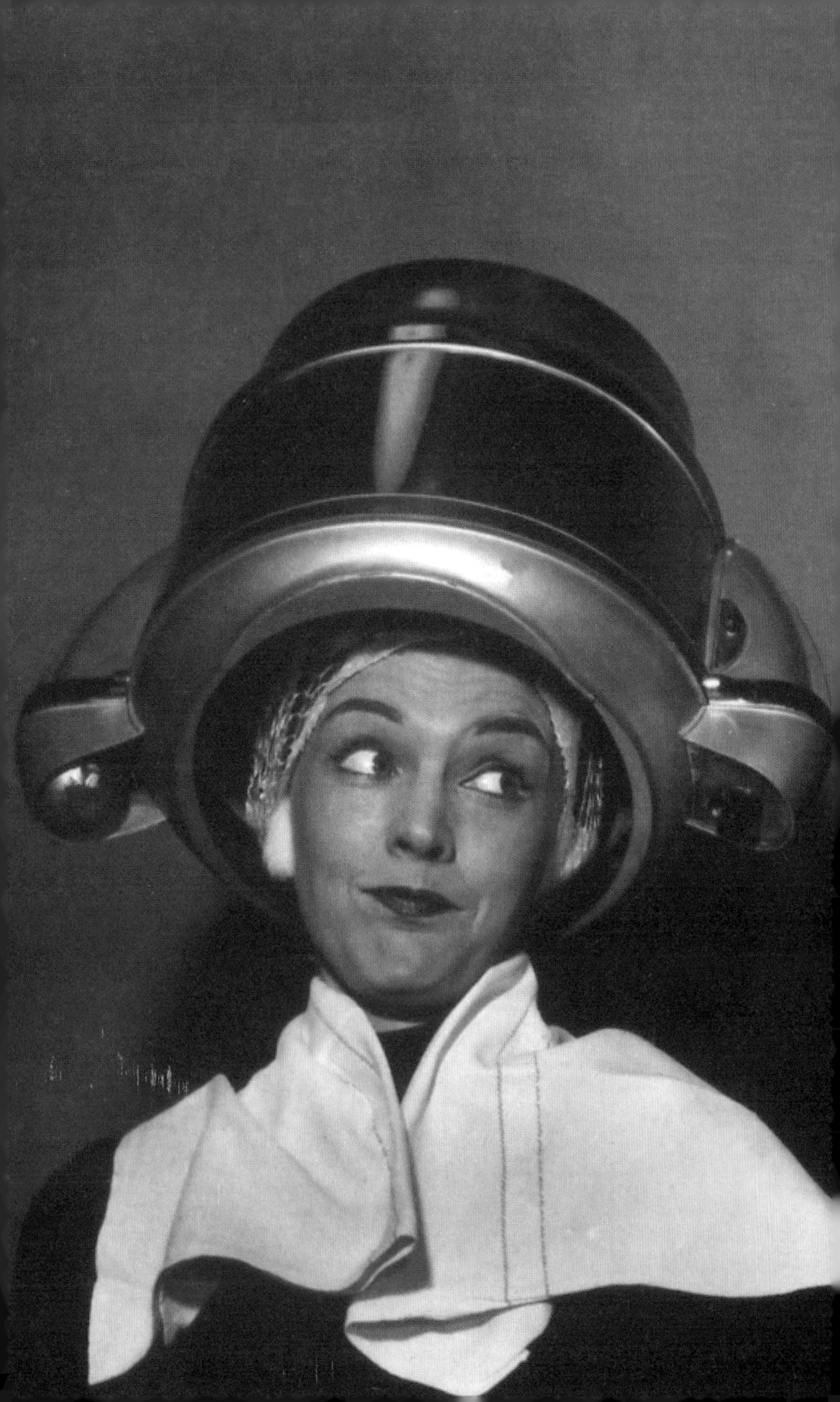

Schönheitsfarm

»Kosmetik ist das jederzeit glaubhafte Dementi der Geburtsurkunde.«

Vera Tschechowa

Anlässe, sich für Sie schön zu machen

Aus der Vielzahl der Frauentypen, die man(n) beschenken kann und soll – Ehefrauen, Freundinnen, Lebensgefährtinnen, Geliebte, Mütter, Töchter, Enkelinnen, Nichten, Patentöchter, Vorgesetzte und Kolleginnen – kommen für dieses Geschenk natürlich nicht alle in Frage. Doch ein Blick auf die Statistik zeigt uns, daß ein Wellness-Wochenende der geheime Renner unter den Präsenten ist: Rund ein Drittel* aller Frauen wünscht sich dieses nicht alltägliche Geschenk. Sich pflegen lassen, entspannen, Fitneß tanken und die Seele baumeln lassen ist also eine sehr beliebte Freizeitgestaltung und als Geschenk längst nicht so inflationär wie Blumen oder Topfpflanzen. Aber damit endet schon der Vergleich. Für die Kosten einer ausgedehnten Schönheitskur können Sie für Ihre Liebste schon eine seltene Bambusart aus China einfliegen lassen. Die sollen ja auch erst nach rund hundert Jahren verblühen …
Schenken Sie also eine solch wunderschöne Geschenkidee nur zu einem besonderen Anlaß.

* In exakten Zahlen 34,4 Prozent

Wie schenkt man ein Beauty-Weekend?

Diesem Geschenk darf nie die Initiative des Mannes vorausgehen! Hier ist taktisches Vorgehen wichtig. Und bedenken Sie bitte: Bei einem Aufenthalt auf einer Schönheitsfarm sind Sie als Begleiter so willkommen wie Schneefall mitten im August.

Wenn Sie doch selbst initiativ werden wollen, dann versuchen Sie's bitteschön wenigstens auf die kreative Art: Machen Sie zum Beispiel ein kleines Geschenkquiz. Basteln Sie dazu drei Loskarten, auf die Sie drei Schäfchen und die folgende Preisfrage malen:

Welche Geschenkidee verbirgt sich hinter diesem Kartentrick?

1 Ein feiner Merinowollpullover

2 Ein Aufenthalt auf der Schönheitsfarm

3 Ein neuer Rasenmäher

Wetten, daß sich 99,9 Prozent aller Frauen für Geschenkvorschlag Nummer zwei entscheiden!

Akzeptanzlevel für Beauty-Weekends

Bei der 16jährigen Tochter

Nur, wenn die letzte Amsterdam-Tour ein Horrortrip war oder sich vor kurzem ihre Lieblingsband aufgelöst hat.

Bei der Ehefrau

Nach 3 Ehejahren: Den gleichen Effekt erzielt ein gemeinsames Wochenende im Luxushotel (siehe Kapitel »Reisen«).
Nach 5 Ehejahren: Bedingt empfehlenswert.
Nach 10 Ehejahren: Es ist ratsam.
Nach 20 Ehejahren: Unbedingt, aber buchen Sie bitte selbst auch gleich ein Herren-Beauty-Wochenende.

Bei der Freundin

Je nach Beziehungsdauer. Siehe »Ehefrau«.

Bei der Mutter

Wenn Sie Ihrer Mutter einen Aufenthalt auf der Schönheitsfarm schenken, sollten Sie einmal nachlesen, was Sigmund Freud über den Ödipuskomplex geschrieben hat.

Ausreden, die Sie gut aussehen lassen

Die Schönheitsfarm als Geschenkidee ist so individuell und nobel, daß es eigentlich kein Versehen geben kann. Es sei denn, der umgekehrte Fall tritt ein: Ihre Frau macht Ihnen dieses Geschenk. Dann müssen Sie sich einmal Gedanken machen, ob Sie Ihr Äußeres bis dato nicht doch ein wenig überschätzt haben.

Doch keine Sorge: Solange die Dame Ihnen nicht auch noch die Adresse eines guten Schönheitschirurgen in die Hand drückt, können Sie gelassen bleiben. Die Zahl der Männer, die heute einen Urlaub im Golfhotel mit Schönheitsfarm buchen, wird nämlich immer größer. Was soll man auch dauernd auf dem »rough«, wenn's woanders so viel zärtlicher zugeht.

Die größten Peinlichkeiten

Es gibt sicher keinen gefährlicheren Satz als diesen: »Du, Liebling, möchtest du nicht einmal ein Weekend auf der Schönheitsfarm verbringen? Ich habe da ein günstiges Pauschalangebot von Trivial-Beauty-Tours. Du kannst dort auch gleich noch einen Kurs für kreatives Kochen mitbuchen.« Ob der Urheber dieses Zitats die sich anschließende Szene überlebt hat, ist nicht bekannt.

Bitte beachten:

Diese Geschenkidee nie initiativ vorschlagen. Nur auf Wunsch schenken.

Abendessen

»Feinschmeckerei ziert die Frauen.«

Brillat-Savarin

Der geschmackvolle Anlaß

Fast in jeder Frau steckt auch ein kleiner Gourmet. Als Geschenkidee landen Sie damit einen sicheren Treffer: Laden Sie sie zu einem Abendessen ein – hier steht ein Essen in einem Drei-Sterne-Restaurant besonders hoch im Kurs.* Die Inszenierung ist dabei genauso wichtig wie das Essen selbst. Das Ambiente muß stimmen. Und die Kellner sollten von der freundlichen Sorte sein.

Wann bietet sich ein Essen als Geschenk besonders an? Vielleicht als Wiedergutmachung für Ihre ewigen Überstunden im Büro oder zur Feier des Tages, weil ihr endlich das wichtige Projekt übertragen wurde, oder als kleiner Vorgeschmack auf einen Gourmet-Urlaub in Burgund oder in der Toskana. Natürlich darf sich das Abendessen auch zum Weekend-Trip, zum Beispiel ins Elsaß, entwickeln. Keine Frau der Welt schlägt Ihnen dieses Geschenk aus!

Wie schenkt man ein Abendessen?

Wenn Sie ihr einen Geschenkgutschein für ein Menü in einem Hamburger-Restaurant überreichen, haben

* 34,4 Prozent aller Frauen in unserer repräsentativen Umfrage finden Spaß an solch einem lukullischen Luxusvergnügen.

Sie sich bis in alle Ewigkeit blamiert. Wie wär's denn mit einem kleinen Arrangement in einem der wenigen Drei-Sterne-Restaurants in Deutschland? Die Adressen stehen in jedem Gourmet-Führer. Tischbestellung immer rechtzeitig veranlassen. Sollte Ihre Frau, Freundin, Tochter, Mutter aber mehr auf Exotisches stehen: Der allerletzte Schrei sind zur Zeit Kaviar-Restaurants in New York. Vor dem Verzehr Tausender von Störeiern empfiehlt sich allerdings ein Test Ihres Cholesterinspiegels.

Wir empfehlen für einen gelungenen Abend lieber eine besonders elegante Variante: Sie ordern »spontan« abends ein Taxi. Den Fahrer haben Sie selbstverständlich vorab über das noch geheime Fahrziel informiert. Sie lassen es so einrichten, daß das Taxi vor einem Luxushotel eine Panne hat. Den – ebenfalls eingeweihten – Hotelportier fragen Sie, ob noch ein Zimmer frei ist. Nach einigem (gespieltem) Kopfschütteln seinerseits und Insistieren Ihrerseits erhalten Sie die Prinzensuite. Kurz darauf wird Ihnen ein Gourmetmenü aufs Zimmer serviert ... Ihre Frau oder Freundin wird Sie mindestens für David Copperfield halten (Ihre Kreditkarte sollte dann allerdings möglichst goldfarben sein).

Mit wem in welches Restaurant?

Restauranttips für ein gemeinsames Essen mit der 16-jährigen Tochter

Hier steht nicht Schnickschnack im Vordergrund, sondern echtes, unverfälschtes Gourmet-Erlebnis. Beliebte »Eß-Tempel« für Girlies (in der Reihenfolge ihres »in«-Status):

- Pommesbuden in Amsterdam
- Fish-&-Chips-Bräter in London
- arabische Stehimbisse in Berlin

Restaurantkriterien für ein gemeinsames Essen mit der Kollegin

- Verschwiegenheit
- Preiswürdigkeit
- Gute Getränkeauswahl

Investieren Sie etwas mehr, wenn sie Ihnen geheime Unterlagen besorgen soll oder wenn Sie einen guten Draht zum Chef hat.

Erkundigen Sie sich aber vorher, ob die Dame Vegetarierin ist. Ansonsten könnte der gemeinsame Besuch im Argentinischen Steakhaus für beide Seiten sehr unerquicklich werden.

Restaurantempfehlungen für einen Abend mit der Ehefrau oder Freundin

- Anzahl der Sterne ist wichtig
- Slow-Food und guter Service
- Gute Beleuchtung. Fürs Sehen und Gesehen werden

Eßvergnügungen mit der Geliebten

Entweder

- Frühstück im Bett

oder

- Besuch im Fast-Food-Restaurant.

Niedrige Luxwerte reduzieren den Erkennungsgrad.

Rat für einen Restaurantplausch mit dem Patenkind

Na, hatten Sie doch wieder glatt vergessen, daß Sie Patenonkel sind? Gehen Sie über McDonald's zurück auf Start.

Kleiner Wink für ein Essen mit der Mutter

Nur, wenn es Ihr eigenes Restaurant ist. Sonst prinzipiell nur *bei* der Mutter, nicht *mit* der Mutter essen.

Was sonst noch alles passieren kann

Beim Chinesen sollte nur mit Stäbchen essen, wer´s wirklich beherrscht. Beim Griechen betonen, daß an der melancholischen Stimmung nicht das Essen, sondern die Musik schuld hat. Im vegetarischen Restaurant Tischgespräche über Fleischspeisen vermeiden. Zu argentinischen Steaks nur einladen, wenn
a) die Herkunft wirklich geklärt ist und
b) die Dame auch zu größerem Appetit neigt.
Russische Restaurants möglichst nur mit kugelsicherer Weste betreten. Keine blauen Bohnen bestellen.

Das riskanteste Eßvergnügen der Welt

Die Einladung in ein japanisches Restaurant, in dem Kugelfisch als Spezialität angeboten wird, empfiehlt sich nur in Sonderfällen. Denn wenn der Koch bei der Zubereitung des Fisches einen Fehler macht und versehentlich die Gallenblase anritzt, hat der Fischgenuß tödliche Folgen. Deshalb vor dem Verzehr vielleicht noch kurz eine testamentarische Verfügung auf der Serviette hinterlassen.

Checkliste der allergrößten Peinlichkeiten

- Leeres Restaurant
- Auf den Tisch warten müssen
- Falscher Tisch (zum Beispiel in WC-Nähe)
- Mit dem Wirt zu vertraulich tun »Hallo, Giuseppe … «
- Billigstes Menü vorschlagen
- Bei der Weinauswahl keine Kennerschaft besitzen
- Sich ohne Begleiterin für längere Zeit zu Freunden setzen
- Kellner gängeln
- Preisvergleich oder Rechnungskritik am Tisch
- Mit Gutschein bezahlen

Schmuck

»Eine Frau ohne Schmuck ist eine Mühle ohne Mühlstein.«

Katalanisches Sprichwort

Der schmückende Moment

Alle, die bisher ein wohlbekanntes Vorurteil gehegt haben, müssen jetzt umdenken: Diamonds are not a girl's best friend! Schmuck – und hier vor allem der Diamantring – rangiert erst auf Platz vier der Geschenk-Beliebtheitsskala.*

Unterscheiden Sie bei der Auswahl eines Schmuckgeschenks aber auch nach der Herkunft: Neben dem klassischen Juwelier, der mehr Händler als Kunsthandwerker ist, gewinnt der Goldschmied zunehmend an Bedeutung. Hier lassen sich die wirklich individuellen Stücke finden, Beratung inklusive. Natürlich muß sein Stil den Ansprüchen der Geschenkadressatin entsprechen. Lassen Sie den Goldschmied anhand von einigen persönlichen Angaben die Vorschläge machen. Als Künstler wird er sich bestimmt gut in die zu Beschenkende einfühlen können.

Phantasie oder Protzerei – das ist hier die Preis-Frage

Wenn Sie aber zu den Männern gehören, die in erster

* mit 27,8 Prozent

Linie auf den (hohen) Preis achten, denken Sie bitte daran: Je höher die Karatwerte, desto rasanter das Liebesverfallsdatum (bitte an die Elizabeth-Taylor-und-Richard-Burton-Love-Story denken!). Natürlich muß es ohnehin nicht gleich ein Blauer Maharadscha sein. Design oder Nichtsein: Egal, ob Sie einen Ring, eine Brosche, einen Armreif oder eine Kette, Ohrringe oder einen Nasenbrillie schenken: Design muß sein. Vor allem junge Frauen stehen auf Auffälliges. Eine exzellente Wahl ist auch alter Schmuck, zum Beispiel Gemmen. Hier ist der Wertzuwachs auf jeden Fall schon garantiert - sozusagen die Aktie zum Tragen. Als Dividende erhalten Sie bestimmt öfter ein nettes Lächeln.
Ein kleiner Tip: Immer vor dem Schenken kurz reflektieren: Welchen Schmuck trägt meine Frau oder Freundin? Dabei können Sie Kategorien wie romantisch, elegant, modernistisch, traditionell etc. als Anhaltspunkte verwenden.

Wie schenkt man Schmuck?

Da ein Diamantring naturgemäß etwas weniger voluminös ist als zum Beispiel ein Pelzmantel, sollten Sie sich das schön glitzernde Etwas gut einpacken lassen. Der dezente Hinweis auf den kreativen Goldschmied oder den erlesenen Juwelier steigert sicher die Freude. Selbstverständlich schenkt man Juwelen nicht so einfach wie einen Blumenstrauß. Der Anlaß sollte dem Geschenk schon angemessen sein. Beachten Sie bitte die drei Varianten des Schmuckschenkens:

1 Schmuck, den man allein auswählt und als Überraschung schenkt
2 Schmuck, bei dem man sich das Umtauschrecht sichert, damit es keine bösen Überraschungen gibt
3 Schmuck, den man zusammen mit seiner Dame auswählt und ihr zum Beispiel auf einer Weekendreise schenkt

Brillante Geschenkideen für jede Frau

Schmuck, der Ihre Teenie-Tochter gut beringt

Teenies, Girlies, Babes & Co. stehen auf Ringe: Nasenringe, Bauchnabelringe, Lippenringe, Mercedesringe, Augenringe ... Bloß nichts Spießiges durch die Haut spießen, heißt die Devise! Dann lieber passenden Federschmuck tragen. Oder lässige Stahlketten. Eher eine Harley-Davidson-Antriebskette als ein Neckermann-Goldkettchen schenken.

Und was schmückt die Patentochter?

Ein gelegentliches Schmuckkärtchen genügt.

Schmuck für Ihr Herzblatt

Denken Sie bei Herzblatt jetzt bloß nicht an Hera Lind, das Superweib. Ihr Herzblatt haben Sie hoffentlich nicht in der gleichnamigen TV-Sendung ergattert. Bemessen Sie Art und Preis des Schmuckstücks an Dauer und Intensität Ihrer Beziehung. Sie sollten bedenken, daß sich ein 300-Mark-Collier kaum in einer 3-Monats-Beziehung amortisiert.

Was Sie als schmucker Sohn der Mutter schenken

Schmuck ist für die Mutter ein eher unpassendes Geschenk.

Kolleginnen, Nachbarinnen und andere liebenswerte Frauen

... kommen für Schmuckgeschenke nicht unbedingt in Frage.

Schmückendes Beiwerk für die 18–29jährige

Der Schmuckgeschmack der Teenies und Twens ist eher abgedreht. Muttis klassischer Brillantring erregt bei einem Mädchen der Spice-Girl-Generation alles mögliche, nur kein Freudengefühl. Es sei denn, er läßt sich gleich in der Pfanne (nicht der zum Kochen, sondern der Pfandleihe) gut zu Geld machen. Viele junge Mädchen und Frauen lassen sich eben lieber piercen als mit Wertanlagen behängen (siehe unten). Übrigens: Alter Schmuck ist wieder »in«. Wenn er von der eigenen Verwandtschaft ist, zum Beispiel Omis Bernsteinkette oder das Perlenimitat im Stil der 20er Jahre, um so besser.

Schmucke Ideen für die 30–49jährige

Wie für die Haute Couture, so ist Paris auch in Sachen Schmuck eine der Hauptstädte der Welt. Beherzigen Sie diesen Tip. Und planen Sie ein Schmuckshopping in der Stadt der Liebe (Gold ist Liebe, sagt ja ein Slogan). Legendäre Häuser sind hier gegründet worden oder haben sich vor langen Zeiten hier etabliert und auch die schwersten Wirtschaftskrisen überlebt. So findet man sie noch heute hauptsächlich im 1. Arrondissement rund um die Place Vendôme:

Boucheron · Cartier · Chaumet · Dubail · Mauboussin · Mellerio · Piaget · Alexandre Reza · Van Cleef & Arpels usw.

Es macht nichts, wenn Sie von diesem schönen Trip dann kein Schmuckstück mitbringen. Paris wird ihre (und Ihre) Erinnerung noch lange schmücken.

Schmucksache für die Frau ab 50

Halt, jetzt bitte nicht an schwere Klunker denken. Die erbt man heutzutage höchstens noch von der Oma. Frauen ab 50 haben eine kostspielige Beziehung zu Schmuck. Mit lupenscharfem Blick sehen sie, wie rein der Stein und wie edel die Goldlegierung ist. Mit einem zu preiswerten Schmuckstück bringen Sie die Dame höchstens aus der Fassung. Zwecklos ist es auch, eigenhändig in den Ring das Signet eines teuren Juweliers zu gravieren. Bei 50 und mehr Jahren an Lebenserfahrung fällt man auf keinen Bluff so leicht mehr herein, kann Schmock und Schmuck bestens unterscheiden. Besser Sie machen es auf die charmant-zynische Art: mit einer Einladung zu »Dary's« in Paris. Bei Madam Colette Jacob und ihrer Tochter Catherine werden alle Pretiosen-Sammlerinnen fündig. Und keines der verkauften Schmuckstücke ist jünger als seine potentielle Trägerin!

Geschliffene Ausreden bei falschem Geschenk

Wer der Dame seines Herzens, die sich auf einen funkelnden Diamantring gefreut hat, statt dessen eine Perlenkette (womöglich auch noch mit unechten Perlen) schenkt, der muß sich schon eine tolle Ausrede einfallen lassen, damit es keine hochkarätige Ehekrise gibt. Wie wäre es damit: »Aber Schatz, an Diamantringen kleben Schweiß und Blut ausgebeuteter schwarzer Minenarbeiter. Und die Monopolisten in Antwerpen sind zu allem Übel auch noch gerissene Geschäftemacher. Perlmuscheln werden dagegen von romantischen jungen Tauchern nachts aus der exotischen Südsee gefischt …«

Allergrößte Peinlichkeiten

Wir warnen Sie eindringlich vor der allergrößten Peinlichkeit: Ein mit einer Widmung gravierter Ring darf auch nur der entsprechend Angebeteten geschenkt werden! Alles andere ist absolut deplaziert und wäre etwa so, als ob Sie ein mit einem anderen Namenszug signiertes Buch weiterschenken würden. In letzterem Falle können Sie aber beim Auspacken noch etwas von »Erstausgabe« mit »Autorenwidmung« murmeln beziehungsweise schnell die signierte Seite entfernen. Doch zurück zum Hochkarätigen: Schmuck läßt sich natürlich nur schwer steuerlich absetzen, es sei denn von der Luxussteuer.

Schmuckgeschenke, die unter die Haut gehen

Bevor Sie sich darauf einlassen, Ihrer Frau oder Geliebten Körperschmuck »ins Fleisch treiben« zu lassen, sollten Sie die gesundheitlichen Folgen des Piercings bedenken. Wir haben Sie hiermit auf jeden Fall gewarnt. Piercing ist die Kunst, sich nicht nur mit Halsketten und Ohrringen schmücken zu lassen – der ganze Körper bietet für Ringe und Stecker aller Art Platz.

Ich bin gepierct, also bin ich

»Ich denke, also bin ich« sagte einst Descartes. Heute zählt für Leute, die »in« sein wollen, eher das Motto: »Ich fühle und inszeniere meinen Körper, also bin ich.« Mehr als drei Millionen Deutsche sind tätowiert, und Piercing und Bodypainting werden immer beliebter. Auffallen und gut aussehen um jeden Preis ist angesagt. Noch nie wurde der Körper so perfektioniert und manipuliert. Soziologen sehen darin den Versuch, die eigene Einzigartigkeit zu zeigen oder auch die Zugehörigkeit zu einer bestimmten Gruppe oder Clique. In einer Zeit, in der andere Bindungen wie Familie oder Religion immer mehr an Bedeutung verlieren, ist das eine sicher nachvollziehbare Begründung. Die Vorbilder aus Film und Fernsehen üben einen zusätzlichen Einfluß aus. Ringe an jedem Finger, Ketten und Symbole um den Hals von Schauspielern und Popstars wirken spannend und mysteriös. Tatoos und Piercing sind zu einem Kult der 90er Jahre geworden.

Achten Sie darauf, daß der Piercer auf dem Teppich bleibt

- Vergewissern Sie sich, daß beim Piercen Einweghandschuhe benutzt werden.
- Zwischen den einzelnen Arbeitsschritten sollte der Piercer nicht »sach-irrelevante« Gegenstände in die Hände nehmen. Das Tragen von Handschuhen ist sogar gesetzlich vorgeschrieben.
- Steriles Werkzeug ist eine Voraussetzung, um das Infektionsrisiko gering zu halten. Also lassen Sie sich Sterilisations- und Ultraschallgeräte zeigen. Die »sterilisierende Glasplatte« gibt es noch nicht! Also bitte aufpassen, daß der Piercer bei jedem neuen Kunden auch ein neues, sterilisiertes Arbeitsset nimmt.

• Ein guter Piercer kann nicht nur Ihre Fragen beantworten, sondern tut das auch bereitwillig. Dumme Fragen gibt es nicht. Nur dumme Antworten.

• Wer keine Einverständniserklärung verlangt (bei Jugendlichen unter 18 Jahren auch die der Eltern), ist nicht seriös.

• Der Künstler muß auch nach dem Stechen erreichbar sein, zum Beispiel im Fall einer Infektion. Nicht erst warten, bis die Wunde große Schmerzen bereitet, sondern bei Problemen gleich den Piercer aufsuchen.

Fazit: Vermeiden Sie dubiose Jahrmarkt-Piercer!

»Geschenkt ist geschenkt«

Eine Rückforderung kommt einem Sakrileg gleich.

Pflanzen

»Blumen – das Lächeln der Erde.«

Ralph Waldo Emerson

Der Anlaß, dem Pflanzen grün sind

Dekorative Pflanzen halten einen guten fünften Platz im Ranking der Geschenke.* Doch Vorsicht: Topfpflanzen und Schnittblumen haftet – vor allem in den Augen jüngerer Frauen – immer noch etwas das Image des Verlegenheitsgeschenks an. Niemals zum Hochzeitstag oder zu Weihnachten nur mit dem obligaten Sträußchen kommen. Es sei denn, Sie wollen ein solches mit Ihrer geliebten Dame ausfechten. Nur Mütter, Schwiegermütter, ältere Nachbarinnen und Kolleginnen sind bei allen Gelegenheiten mit Blumen zu beglücken.

Wie schenkt man Pflanzen?

Jeder weiß, daß man Blumen nicht verpackt überreichen soll. Wenn also ein Überraschungseffekt beim Auspacken des Präsentes erwünscht ist, ist es besser, Blumen als eine Art »Zweitgeschenk«, als dekorative Zugabe zu einer anderen, persönlicheren Gabe zu überreichen. Blumen werden von Frauen nicht als Geschenk, sondern nur als »Beiwerk« angesehen.

* 14,8 Prozent aller Frauen sind von Blumen- und Pflanzengeschenken hellauf begeistert.

Schließlich wissen sie, daß man Blumen heutzutage ohne viel Aufwand kaufen kann. An Tankstellen, auf Bahnhöfen, auf Parkplätzen, aus Automaten, von ambulanten Blumenverkäufern ... Topfpflanzen sind von dieser Regel natürlich ausgenommen. Blumen und Pflanzen nicht allein auswählen! Versichern Sie sich weiblicher Beratung.

Blumengebinde für die 16jährige Tochter

Es könnte sein, daß sich die junge Dame mehr über Gras als über Blumen freut. Wenn Sie das befremden sollte, erinnern Sie sich doch einfach an Ihre eigene Hippie-Zeit ...

Zum Geburtstag, zu Weihnachten oder zur Versetzung können Sie bei ihr mit einem Geldgeschenk sicher eher einen Blumentopf gewinnen.

Blumenschmuck für die Chefin

Bitte nur die edelsten Züchtungen auswählen! Ein simpler Strauß aus Rosen, Tulpen oder gar Nelken wird Ihre Vorgesetzte nicht beeindrucken. Und Sie wollen es doch zu etwas bringen. Da müssen Sie schon etwas tiefer in die Tasche greifen.

Bei der Frau des Chefs hingegen sollten Sie eine andere Strategie verfolgen. Ein Strauß roter Rosen könnte da leicht verfänglich wirken. Auf gar keinen Fall bei einer Essenseinladung mit Blumen auftauchen. Da macht ein Buch oder eine andere nette kleine Idee mehr her.

Flowers für die Power-Ehefrau

Tonnenweise rote Rosen. Wenn die Herzdame allerdings schon erste Ermüdungsanzeichen angesichts des 20. Baccara-Straußes zeigt – siehe unter »Chefin«.

Blumen, die Mamas aufblühen lassen

Nein, kein Stiefmütterchen. Und erst recht kein Mutterkorn (ist hochgiftig). Jeder Festtag hat die passende Blume: Weihnachtssterne, Osterglocken, Pfingstrosen...

Ein noch größerer Blumenhit: Laden Sie Mama zur BuGa oder LaGa ein. Das sind nicht irgendwelche Bundestags- oder Landtags-Ausschüsse, die sich mit blumigen Worten um politische Alltagsfragen bemühen. Das sind die Bundes- und die Landesgartenschau. Ob Sie sich das gleich selber mit antun wollen, ist Ihr Problem.

Blumenideen für die Patentochter

Blumige Worte reichen völlig aus.

Blumengeschenke für die Schwester

Nur dann, wenn Sie sie gleich der Krankenschwester übergeben können.

Blumengrüße an die Kollegin

Verschenken Sie alles, was bunt und fröhlich ist – und nicht allzu stark duftet. Denn eventuell teilen Sie ja das Büro mit ihr.

Ausreden, die Sie sich am besten ins Herz pflanzen

Auf einer Hochzeit erscheinen Sie mit einem Strauß weißer Lilien, die sonst eher für Verblichene erstanden werden. Verweisen Sie auf Ihre literarischen Kenntnisse: »Also, Shakespeare hat die weiße Lilie einmal als die Blume der wahren Liebe bezeichnet. Mit fällt nur gerade die Quelle nicht ein …«
Bei Ausreden immer:

- blumige Worte finden,
- alles in rosigen Tönen schildern,
- keine knospenden Hoffnungen zerstören.

Die allergrößten Peinlichkeiten

Sie sind schon auf dem Nachhauseweg, da fällt Ihnen ein, daß Ihre Frau/Mutter/Freundin Geburtstag hat, daß Hochzeitstag ist oder Ihre Tochter gerade heute das Abitur/die Mittlere Reife bestanden hat. Glücklicherweise ist aber Totensonntag/Volkstrauertag/Advent/Himmelfahrt/Fronleichnam, und es finden sich noch schnell ein paar Blumen an der Friedhofsmauer/am Straßenrand/vor dem Kirchenportal. Jetzt bloß aufpassen, daß kein Mensch zuschaut, schnell das Einstecktuch zum Gebinde knoten und das ganze mit charmanten Worten (und einem Scheck) überreichen. Denn nur der Scheck heiligt hier die Mittel. Nicht versäumen, auch der Kirche/dem Krankenhaus eine Spende zukommen zu lassen.

Instanttips für Blumengeschenke

- Schnittblumen für obligate Anlässe
- Topfpflanzen für ältere Semester und unverbesserliche Pflanzenfreundinnen
- Bonsais für Bewohnerinnen von Mini-Appartements, Altenheimen etc.
- Hydrokulturen für Kolleginnen und andere Bewohner des Planeten Büro

Finger weg!

- Nelken
- Kakteen
- Gummibäume
- Yuccas
- Geranien
- Teesträußchen
- Seidenblumen

Geschirr

»Glück und Glas …

Nicht so leicht bricht Plexiglas.«

Slogan von 1963

Anlässe, bei denen man diese Geschenke gerne auftischt

Generelle Empfehlung: Außer bei einer Hochzeit – Finger weg von Geschirr! Männer benehmen sich bei diesem Thema ohnehin zumeist so wie der sprichwörtliche Elefant im Porzellanladen: Sie zerschlagen – wenn auch nur symbolisch – mit ihrem ignoranten Geschmack viel Porzellan.

Wie schenkt man Geschirr?

Bei zerbrechlichen Dingen geht Sicherheit vor Schönheit. Glas und Porzellan von kundiger Hand immer schön und fest verpacken lassen. Schon so manches edle Geschirr hinterließ sonst ein heilloses Scherbengericht. Geschirr sollten Sie natürlich nicht unbedingt an impulsive Frauen oder an Kleinkinder verschenken.

Zerbrechliches für die Damen

Geschirr-Geschenke, die Ihrem Töchterlein gefallen

Wenn Sie das Verhältnis zu Ihrer Tochter ruinieren möchten, dann schenken Sie ihr doch ein 36teiliges

Tafelservice. Wetten, daß sie mindestens drei Wochen kein Wort mit Ihnen wechseln wird? Also: Teenie-Töchtern schenkt man prinzipiell nur (es sei denn, eine frühe Hochzeit steht an) Aschenbecher. Oder ein komplettes Pappservice. Oder schrilles Plastikbesteck. Alle anderen wirklich wichtigen Haushaltsutensilien kauft sich Töchterchen lieber selbst. Deshalb besser gleich Geld herausrücken.

Geschirrgaben für das Patenkind

Hier haben Sie ein dankbares Objekt für allen Kitsch der Welt: Sammeltassen, Jahresteller, Nippesfiguren. Was Sie sonst nicht loskriegen, wird hier möglicherweise mit leuchtenden Augen entgegengenommen.

Geschirrzueignungen für Frau Mama

Wenn Sie klug sind, schenken Sie ihr nur Einmachgläser. Damit sie möglichst gut gefüllt an Sie zurückkommen.

Tafelfreuden für die Ehefrau/Freundin/ LAG (Lebensabschnittsgefährtin)

Ihrer besseren Hälfte werden Sie doch nicht mit irgendeinem Service kommen. Nur feinstes Tafelporzellan in edelstem/modernstem Design mit unikathaftem Dekor und zu einem sündhaft teuren Preis macht hier geschenkmäßig Furore.

Geschirrangebinde für die Geliebte

Sind Sie denn wahnsinnig! In jeder Liebschaft kommt es mal zum GAU. Dann möchten Sie doch nicht mitansehen müssen, wie Ihr Geld am Boden zerdeppert wird.

Geschirraufmerksamkeiten für die Kollegin

Geburtstage oder Jubiläen von Kolleginnen sind eine ideale Gelegenheit für Geschenk-Recycling. Alles, was Sie auf Ihrer letzten Geburtstagstombola nicht losschlagen konnten, kann hier plaziert werden.

Geschirrmitbringsel für die Omi

Überflüssiges für die Tafel, wie Messerbänkchen porzellanene Serviettenringe, Platzteller. Denn die Basisausrüstung hat sie bestimmt schon.

Ausreden, wenn Sie einmal Porzellan zerdeppert haben

Bei Geschirr gibt es viele Unterschiede. Nicht nur im Design, auch die Marken spielen eine erhebliche Rolle. Hat sich die Dame Ihres Herzens aber Juwelen gewünscht, kann Ihnen auch der Hinweis darauf, daß Porzellan als »weißes Gold« bezeichnet würde, nicht aus der Patsche helfen. Achten Sie darauf, daß Sie Ihr Geschirrgeschenk dann wenigstens auf einem weichen Teppich überreichen.

Die größten Peinlichkeiten

Sie haben an einem Töpferkurs teilgenommen und finden die Ergebnisse Ihrer künstlerischen Bemühungen so toll, daß Sie diese kreativen Erzeugnisse der Gattin des Chefs verehren möchten. Das ist der sicherste Weg, um dafür zu sorgen, daß Ihre Karriere bald in Scherben liegen wird.

Geschirr schenkt man

Nur nach
- Hochzeitslisten
- Aussteuerwünschen

Nur vor
- Polterabenden

Geld

»Geld allein macht nicht glücklich,
Zeit allein auch nicht.«

Anita

Der geldwerte Anlaß

»Pecunia non olet«, sagt der Lateiner. Geld stinkt nicht, heißt das auf gut Deutsch. Wir leben heute im Zeitalter des »Shareholder value«, Spekulieren ist ein Volkssport geworden, und da ist Geld ein allseits beliebtes Thema – vor allem, wenn man's hat. Ob man nun aber an der großen Börse spekuliert oder die Scheine aus der kleinen, gemeinen Geldbörse zieht: Geldgeschenke gelten nicht als besonders einfallsreich, sind aber vielleicht gerade deshalb besonders verbreitet. Mit Geld schenken Sie einen Tauschwert, der von der Empfängerin in das gewünschte Objekt umgesetzt werden kann.

Geld schenkt natürlich nur der, der's hat. Nicht umgekehrt. Wer schenkt schon zum Beispiel einer Erbtante Geld? Mit einem Geldgeschenk wendet sich die Einfallslosigkeit ins Praktische. Man kann es schön dezent zu fast jedem Anlaß schenken – außer vielleicht zum Hochzeitstag.

Natürlich kann man, wenn man sein Geld reichlich unter die Familie, Freunde und Verwandten bringen will, auch spezielle Geschenktage kreieren. Schenken Sie doch Ihrer Tochter zum Weltspartag einmal ein paar größere Scheine. Am Valentinstag können Sie der lieben Gattin ruhig auch einmal ein paar andere Blüten schenken. Nein, kein Falschgeld, sondern phantasievoll drapiertes echtes Geld – in einem Portemonnaie als Ledervase.

Wie schenkt man Geld?

Die schönste Art, Geld zu schenken: Sie heuern eine Yacht an und begeben sich mit Ihrem Schatz auf Schatzsuche. Vertrauen Sie dabei aber nicht nur auf Ihr Glück, sondern besorgen Sie sich gutes Kartenmaterial. Und nicht ohne Sauerstoffmaske tauchen – es sein denn, Sie möchten (oder müssen) dauerhaft untertauchen. Wenn Sie nach erfolgreichem Sondieren mit alten Golddukaten, Silberpeseten oder ähnlichen antiken Werten auftauchen, wird die Gattin oder Freundin Sie für den romantischsten und tiefgründigsten Mann der Welt halten. Der Sie sicher auch sind. Die weniger Innovativen halten sich an bewährte Schenkmethoden.

Aber nicht nur Bares ist beliebt. Neben Münzen und Scheinen kommen auch Schecks in ordentlicher Höhe immer gut an. Ein weiterer Hit sind Partnerkreditkarten. Oder geldwerte Vorteile wie Versicherungen, Bausparverträge, Aktien, Investmentzertifikate, Termingelder, festverzinsliche Wertpapiere,

Sparbriefe, Kommunalobligationen, Schuldverschreibungen, Staatsanleihen (der Herr Finanzminister braucht Geld für seine kreative Buchführung!) …
Der größte Vorteil aller Geldpräsente: Sie können kaum etwas falsch machen – höchstens sich in der Höhe des Betrages vergreifen.
Nur ganz prosaische Menschen stecken einen Geldschein einfach in ein Kuvert, das sie mit mehr oder weniger charmanten Worten überreichen. Es ist auch nicht der Gipfel des Einfallsreichtums, einen Geld-Gutschein zu schenken. Ideenreichere Leute basteln zum Beispiel lieber eine dem jeweiligen Wunsch adäquate Form, falzen zum Beispiel einen 1000-Mark-Schein zu einem Kleid. Man(n) kann natürlich auch ein wohlgefülltes Sparschwein überreichen. Ein anderer guter Tip: Verstecken Sie das Geld dezent in einem voluminösen Blumenstrauß. Geld schenken ist eine Sache, Geld verleihen eine andere. Nur notorische Geschäftemacher deklarieren verliehenes Geld als Geschenk.
Noch ein Tip: Sollten Sie Ihrer kleinen Tochter den richtigen Umgang mit Geld beibringen wollen, können wir heute kein Sparbuch mehr empfehlen. Schenken Sie Ihr statt dessen die Teilnahme an einem Börsenspiel Ihrer Bank. Der Einsatz ist meistens limi-

tiert, und die Folgen halten sich – im Erfolgs- und Mißerfolgsfall – in Grenzen. Sie können ja ebenfalls mitspielen. Wetten, daß Sie – wenn Sie nicht gerade Banker oder Broker sind – bestimmt verlieren werden!

Geldanlagen für jede Frau

Was 18–29jährige von Ihrem Geldgeschenk halten

In Kreisen, in denen man Geld wechselweise »Kohle«, »Knete«, »Zaster«, »Mäuse« etc. nennt (so wird es uns jedenfalls in diversen Vorabendserien vorgeführt), empfiehlt sich eine adäquate kreative Verpackung. »Basteln« Sie doch ein Brikett (paßt auch zur ähnlich genannten Frisur, die in einigen Szenen noch mächtig »in« ist), aufklappbar als kleines Geldetui (Bauanleitung siehe unten). Schreiben Sie aber bloß nicht auf den Begleitbrief »Für den jungen Backfisch«. Mit diesem Sprachgebrauch weisen Sie sich sonst als Vorkriegs-Obergruftie aus. Alle Vorsicht ist auch vor sogenannten »Schein-Ehen« geboten!

Welche Devisen bei 30–49jährigen ankommen

Irrtum Nr. 1 der Männer ist, daß Schmuck der beliebteste Geschenkwunsch der Frauen sei. Begehen

Sie deshalb nicht gleich Irrtum Nr. 2 und machen ihr ein zweckgebundenes Geldgeschenk (»Liebes, kauf dir doch mal was Schickes zum Anziehen!«). Frauen in diesem aktiven Alter investieren das Geld lieber in eine attraktive Reise – zum Beispiel ein City-Kombi-Weekend. Oder Sie schenken ihr das Geld für einen Trip, bei dem Sie sich mit in Szene setzen können. Musicals sind nach wie vor der Renner. Ob phantomimisch in Hamburg, Cat-lich in Bochum oder Miss-verständlich in Stuttgart). Viel Spaß (und Zimmerbuchung nicht vergessen)!

Was über 50jährige Frauen finanziell reizen könnte

Wenn die Dame – was Sie ohnehin bei Ihrer Geschenkkalkulation berücksichtigen sollten –, nicht selbst über reichlich Bares verfügt, sollten Sie ihr nicht eine profane Aktie oder einen banalen Genußschein verehren. Der Kapitalmarkt bietet heute eine Fülle sogenannter Derivate – von Optionsscheinen auf die nächste Kaffee-Ernte bis zu Minenschürfrechten in Kasachstan (wissen Sie auch, wo das liegt?). Wenn der Deal dann irgendwie schiefgeht, können Sie sich immer noch mit einem Päckchen Frischgemahlenem von Eduscho aus der Affäre ziehen.

Pekuniäre Geschenktips für die Teenie-Tochter

Wer eine Tochter im Girlie-Alter hat, braucht sich um das Geldausgeben keine Sorgen zu machen. Seien Sie aber klug: Schenken Sie nie größere Summen Bargeld. Besser sind auf jeden Fall

- Geschenkgutscheine
- alte Geldscheine
- Taschengeld in kleiner Münze
- Studienbeihilfen
- Brautaussteuergeld

und alle anderen Formen von Geld, die sich nicht sofort flüssig machen lassen.

Ein kleines »Vergelts« für die Patentochter

Relativ hoch starten, zum Beispiel mit DM 150,– zur Taufe. Kommunion und Konfirmation bewegen sich dann besser im Bereich von DM 250,– bis DM 500,–, Hochzeitsgeschenke können nicht nur in Schottenkreisen mit ca. DM 350,– angesetzt werden. Zur Scheidung dann wieder großzügiger unter die Arme greifen. Empfehlung: ca. DM 1000,–.

Frau Mutter besser mit Tauschwerten überraschen!

Ihrer lieben Mama werden Sie doch kein Geld schenken? Es sei denn, Sie wünscht sich von Ihnen eine geblümte Bluse – und Sie bringen es einfach nicht übers Herz, so ein modisches Unding zu kaufen. Mütter lassen sich lieber mit praktischen Dingen beglücken.

Kapitalanlagen für die Ehefrau

Glücklich der Mann, der in der Ehe keinen Streit ums Geld kennt. Doch beim Schenken gilt vor allem guter Stil. Deklarieren Sie also Geldgeschenke nie als

- Weihnachtsgeld
- Haushaltsgeld
- Urlaubsgeld
- Kleiderzuschlag
- Kindergeld

  etc.

Denn das würde von schlechtem Geschmack und nur mäßig erfolgreicher Erziehung zeugen.

Finanzen für die Freundin

Der LAG (Lebensabschnittsgefährtin) sollten Sie Geld nur dann schenken, wenn sie es ausdrücklich wünscht und für einen bestimmten Zweck braucht (Auto, Kühlschrank, Besuch der California Dream Boys ...). Sonst haben Sie schnell das Image »finanzkräftig, aber einfallslos« weg. Und das werden Sie nicht so bald wieder los.

Der Erbtante schenkt man kein Geld

Denn diese Transaktion geht eindeutig in die falsche Richtung. Es sei denn, sie vermacht Ihnen das Erbe sofort – dann nennt man diese Geschenkzahlungen ganz einfach Leibrente.

Kollegin, Nachbarin, Untermieterin, Zugehfrau, Babysitterin...

Mann o Mann, in Ihrem Leben gibt es aber viele Frauen! Die wollen Sie doch – ohne von finanziellem Ruin heimgesucht zu werden – nicht alle mit Geld beschenken. Prüfen Sie besser die steuerliche Absetzbarkeit, oder belassen Sie es einfach bei kostenlosen freundlichen Worten.

Der kleine Anlageberater

Bei Geldgeschenken nicht zum Pfennigfuchser werden

Nur Brautschuhe dürfen mit Pfennigen gefüllt verschenkt werden! Die Frauen von heute möchten lieber ein eigenes Konto mit Telefonbanking als einen Gutschein für eine Schatzsuche im eigenen Garten. Bedenken Sie auch, daß Geldgeschenke ganz schön ins Gewicht gehen können: Eine Million Mark, fein säuberlich aus Zehnmarkscheinen gepackt, bringt es immerhin auf eine Höhe von 1,10 Meter und ein sattes Gewicht von 78 Kilogramm. Ganz findige Männer schenken Ihren Frauen heutzutage möglicherweise Optionsscheine. Da kann, bei niedrigem Einstiegsbetrag, durch Spekulation eine ganz nette Geschenksumme zusammenkommen!

Weil die meisten Frauen Geld gern in gutaussehende Tauschwerte wie Mode, Kosmetik, Schmuck etc. umsetzen, machen Sie auch mit einer Chipkarte, die mit dem entsprechenden Betrag geladen wird, gut Staat. Vorteil: Die Dinger sind jederzeit bei der Bank nachzuladen und bieten eine höhere Sicherheit als Bargeld. Achten Sie bitte immer darauf: Bei Geldgeschenken nicht zum Schwaben oder Schotten werden! Mit einem 5-Mark-Sparbuch treten Sie bei Ihrer Tochter oder Enkelin allenfalls in direkte Konkurrenz zur örtlichen Sparkasse. Einen solchen Minibetrag drücken Sie besser an einer Losbude ab, oder Sie spekulieren damit bei der Fernsehlotterie. Mit einem zu dürftig kalkulierten Geldgeschenk kommen Sie in den Ruf des »Kleinanlegers«.

Geldgeschenke erfolgen übrigens auch oft auf den sogenannten »letzten Drücker«. Der Mangel an Phantasie sollte also durch ein Mehr an Moneten kompensiert werden. Ganz lässig: Sie schenken eine Dose Erdnüsse und legen eine Notiz bei, daß jede dieser »Peanuts« von Ihrem Bankinstitut in ein solides Scheinchen eingetauscht werden soll.

Geldgeschenke als bare Münze nehmen

Diese Idee ist zum Beispiel auf junge Töchter, Enkelinnen oder zu ausgabefreudige Frauen gemünzt: Schenken Sie Münzen. Natürlich wertvolle Gedenkmünzen oder antike Stücke mit steigendem Wert. Es gibt die unterschiedlichsten Sonderprägungen und viele wertvolle Edelmetallmünzen – aus Gold oder Silber. Da der Euro die zur Zeit gängigen Währungen ablösen wird, ist selbst bei normalen Münzen eine Wertsteigerung jetzt schon sicher.

Auf wertorientierte Geschenkmomente ist auch ein anderer Einfall gemünzt, der durch die Bank gut ankommt: die Kombination von Geldgeschenk und Reise – das sogenannte Last-Mark-Shopping. Zum nobel ausgestatteten Reiseetat mit TTT (Ticket, Taschengeld, Tütenkontingent) macht sich Frau, Freundin oder Geliebte auf ins Einkaufsparadies (für die meisten Frauen von Welt ist das New York – »Big Apple« genannt). Beißen Sie in diesen sauren Apfel. Denn in New York macht das Geldausgeben einfach mehr Spaß. Schließlich findet es im Ambiente des schicken Village, der glitzernden Fifth Avenue oder des famosen Century 21 statt. Einen Drei-Tage-Trip zum »Big Apple« gibt's übrigens schon ab rund 1000 Mark, Übernachtung inklusive. Doch lesen Sie dazu vorab auch unsere Tips zum Thema Reisen.

Geldgeschenke – die sichere Bank

Für Frauen, die Männer haben, ist jeder Geburtstag und jedes Weihnachten ein wahres Lügenfest: Artig bedanken Sie sich für Küchengeräte, die sie bereits in mehrfacher Ausfertigung ihr eigen nennen, haben für jedes altbackene Nachthemd noch ein freundliches Lächeln parat und geben sich entzückt über edles Geschmeide, das sie dann für alle Zeit und

Ewigkeit in verstaubten Schatullen verschwinden lassen. Ein Geldgeschenk schützt weitgehend vor einem solchen Fauxpas. Die Devise lautet: Nur harte Währungen schenken!
Sollten Sie aber das Gefühl haben, daß Ihr Geld zu großzügig verschwendet wird, dann probieren Sie's doch mal mit einem Sparbuch. Das hat vielleicht einen pädagogisch-didaktischen Effekt.

Allergrößte Peinlichkeiten

Achten Sie immer darauf, den »Schein« zu wahren: Geld nie ohne Kuvert überreichen! Es soll zwar immer noch Männer geben, die – die Hand mit dem Schein hinter dem Rücken versteckt – ihrer Frau die überaus intelligente Frage »Rate mal, was ich Dir diesmal zum Geburtstag schenke« stellen. Nicht unwahrscheinlich ist es, daß die so Beschenkte nach Vorzeigen des 50-Mark-Scheins ihrem werten Gemahl empfiehlt, diesen großzügigen Betrag doch gleich als Anzahlung für den Scheidungsanwalt zu nehmen.
Jede Frau ist peinlich berührt, wenn man ihr Geldgeschenke zu einfallslos serviert. Der Gipfel der Peinlichkeit: Er schenkt ihr einen sogenannten Schüttelscheck (das ist ein Scheck, bei dessen Einlösung

der Bankkassierer den Kopf schüttelt, weil der Scheck ungedeckt ist).
Übrigens auch nie in Phasen von höchster finanzieller Verlegenheit den Diamantring der Frau ins Pfandhaus tragen, um von dem gestundeten Geld dann eine andere Geschenkinvestition zu tätigen. Der Verlust wird schnell bemerkt werden.
Solange Geld die Welt regiert, wird es immer ein gestörtes Verhältnis zwischen Traum und Wirklichkeit geben. Trösten Sie sich mit dieser banalen Weisheit, falls Ihr sicherlich großzügiges Geldgeschenk einmal nicht die gewünschte Wirkung zeigt.

Geldgeschenke

eignen sich nicht als Überraschung,
es sei denn, die Summe ist höher
als erwartet.
Oder niedriger.

Kleidung

»Die Natur macht die Frauen verschieden – die Mode macht sie gleich.«

Christine von Schweden

Besonders kleidsame Geschenkanlässe

Männer, die bei Lagerfeld an ein Bier und bei Kenzo an eine fernöstliche Kampfsportart denken: Finger weg von Mode! Denn Frauen sind in Sachen Bekleidung sehr, sehr wählerisch – und zumeist auch markenbewußt. Die meisten Frauen lassen sich Kleidung ungern schenken.* Das Warum versteht sich von selbst: Sie trauen den Männern keinen modischen Geschmack zu. Ein guter Tip: Bei modebewußten Damen ist deshalb Geld herzlichst willkommen. Beim anschließenden Modebummel bitte mit Funktionen wie »Kleiderhalter« (stummer Diener) zufrieden sein.

Wie schenkt man Modisches?

Der Kleider-Geschenk-Knigge empfiehlt:

1. Hochwertiges schenken. Also lieber »nur« einen Schal von Krizia als einen Fummel von irgendeiner Fuzzy-Boutique – es sei denn, die junge Dame steht auf wildesten Grunge oder Secondhand-Klamotten. Dann kostet Sie das wahrscheinlich weniger Geld.

* Nur 3,1 Prozent aller Frauen bringen Mode und Schenken auf einen Nenner.

Aber enorm viel Zeit, bis Sie alle Szeneshops durchstöbert haben.
2. Umtauschrecht sichern. Also keine reduzierten Artikel kaufen, um vielleicht ein paar Mark zu sparen.
3. Geschenkgutschein verschenken. Beim Einkaufsbummel noch ein Highlight gewünscht? Wie wär's mit einem anschließenden Dinner for two?
Ein Drittel aller Frauen wünscht sich übrigens eine Parisreise mit Besuch einer Haute-Couture-Modenschau. Empfehlung: Vorher bei Ihrer Bank anrufen und die Kreditlinie erhöhen lassen.

Mode für Millionen

Welche Modegeschenke Ihre 16jährige Tochter erfreuen

Der letzte Schrei der Teenie-Mode ist jahrein, jahraus Papas alter Bademantel. Sollten Sie keinen haben: Flohmarkt aufsuchen oder dem Kind 100 Mark in die Hand drücken.

Modische Geschenkideen für die Patentochter

Zur Geburt ein rosa Kleidchen, zur Kommunion ein weißes Kleidchen. C'est tout.

Geld statt Mode für die Ehefrau oder Freundin

Zählen Sie mal nach, wie viele Männer mit Einkaufstüten führender Designer für Damenmode über Düsseldorfs »Kö«, Münchens Maximilianstraße oder Mailands Via Montenapoleone schlendern. Sie werden das Ergebnis sicher an einer Hand abzählen können. Also: Anstatt die Mode zu verschenken, lieber gleich Geld herausrücken. Und mit weniger als 1500 Mark brauchen Sie Ihre Frau gar nicht erst in eine der noblen Einkaufsstraßen aufbrechen zu lassen.

Mode für die Mutter

Keine große Garderobe, sondern kleine modische Aufmerksamkeiten schenken, zum Beispiel schöne Handschuhe oder elegante Seidenschals.

Der Schwiegermutter was Kleidsames verehren

Immer mit der Tochter, also Ihrer Partnerin, abstimmen. Merke: Schwiegermütter sind ein Politikum!

Mode, die Erbtanten kleidet

Konservatives Feeling zeigen. Und Sparbewußtsein, damit sie weiß, daß ihr Geld später bei Ihnen in besten Händen ist. Also: Schenken Sie ihr einen Katalog von Loden-Frey oder Frankonia. Versand erfolgt von Ihnen natürlich unfrei.

Kolleginnen, Nachbarinnen und andere modeinteressierte Damen

Die erhalten ihre modischen Geschenke beziehungsweise das Kapital dafür von ihren Ehemännern, Freunden, Geliebten etc.

Das richtige Outfit für 18–29jährige

Young fashion ist ein heikles Gebiet, auf das sich nur Kenner wagen sollten, die einen Dieselfahrer von einer Diesel-Trägerin unterscheiden können. Im jungen Alter ist der Label-Kult besonders hoch. Oder der Gegentrend: die Konsumverweigerung. Dann trägt sie vielleicht gerade noch Maley Fashion – eine extravagante Kollektion aus alten Gardinen- und Möbelstoffen. Werden Sie also nicht auf eigene Faust aktiv, sondern lassen Sie sich von der jungen Dame in die Welt der Szeneboutiquen entführen. Der Philosoph schweigt – und zahlt. Noch ein Tip: Auch wenn Karl Lagerfeld inzwischen Katalogmode macht – Mail-order-fashion ist der absolute Flop und läßt sie wie Lieschen Müller neben Claudia Schiffer aussehen.

Das kleidsame Geschenk für 30–49jährige

Wenn Sie an Mode als Geschenk denken, gibt es einen sicheren Assistenten: die Frauenzeitschrift, die sie präferiert. Liest sie »Brigitte«, ist sie eher der selbständige, unkomplizierte Typ mit einem Faible für modernen Chic. Blättert sie hauptsächlich in der »Elle«, »Vogue« oder »Marie Claire«, müssen Sie schon etwas mehr berappen. Schwört sie aber auf »Bild der Frau«, kommt ihre modische Quelle meistens direkt ins Haus. Lachen Sie nicht darüber: Sie lesen ja auch vielleicht lieber »AutoBild« als den »New Yorker«!

Die Eleganz für die Frau über 50

Haben Sie sich auch schon immer gefragt, wer all die sündhaft teuren Boutiquen von Dior, Chanel, Armani, Bogner, Trussardi, Ralph Lauren usw. bevölkert, dann können wir Sie jetzt aufklären: Es sind die Schönen, die alles erreicht haben – auch an Jahren. Pardon, gnädige Frau, aber da müssen Sie schon Polo spielen und nicht fahren, wenn Sie mithalten wollen. Spaß beiseite: Frauen ab 50 haben einen so ausgeprägten Stil und ein oft geradezu erotisches Verhältnis zu »ihrem« Modemacher, daß Sie besser gleich nur Geld oder einen Gutschein schenken.

Ausreden, die Sie bei falscher Auswahl gut kleiden

Ihre Frau ist enttäuscht: Statt des gewünschten Diamantrings findet sie ein Dolce & Gabbana-Abendkleid auf dem Gabentisch. Erklären Sie ihr dann nicht, daß dieses Kleid soviel wie drei Diamantringe gekostet hat. Das wäre zu profan. Ein charmantes Statement nach dem Motto »Dieses Kleid ist von den beiden genialen Modemachern geradezu für dich allein kreiert worden« erzielt einen unglaublichen Erfolg. Noch steigerungsfähig durch den Zusatz »Die bezaubernde Wirkung dieses Kleides ist nicht durch 1000 Diamanten zu erreichen«.

Einige modische Weisheiten

- Je kürzer die Tage, desto länger die Röcke (und umgekehrt).
- Je höher die Plateauabsätze, desto höher auch der Girliefaktor.
- Je feiner der Stoff, desto dicker der Schein.
- Je stretchiger das Schlauchkleid, desto eher Reklamation.
- Je wilder Farben, Muster und Design, desto höher der SRE (Stirnrunzeleffekt) der LAG (Lebensabschnittsgefährtin).

- Je knalliger die Farben, desto schneller auf dem Weg zur »Kleiderschrankleiche«.

Zwar hat Erich Kästner einmal gesagt: »Wenn's Mode wäre, sich die Finger blau zu hauen, würden's die Frauen auch noch tun.« Doch der gute Mann war Humorist (und Junggeselle).

Die allergrößte Peinlichkeit

Jede Frau will auf den Mann ihres Herzens sexy wirken. Aber sie will eines garantiert nicht: daß er stante pede in eine Lingerie-Boutique rast und ihr Wäsche kauft – womöglich den derzeitigen Dernier cri: Push-up-BHs und -Slips. Das gibt gnadenlos Minuspunkte, und die Männer können nur noch ganz geknickt aus der Wäsche schauen!

Manns-Bilder beim Mode-Kauf:

- Stummer Diener
- Zahlmeister
- Scheckkartenzücker
- Tütenschlepper

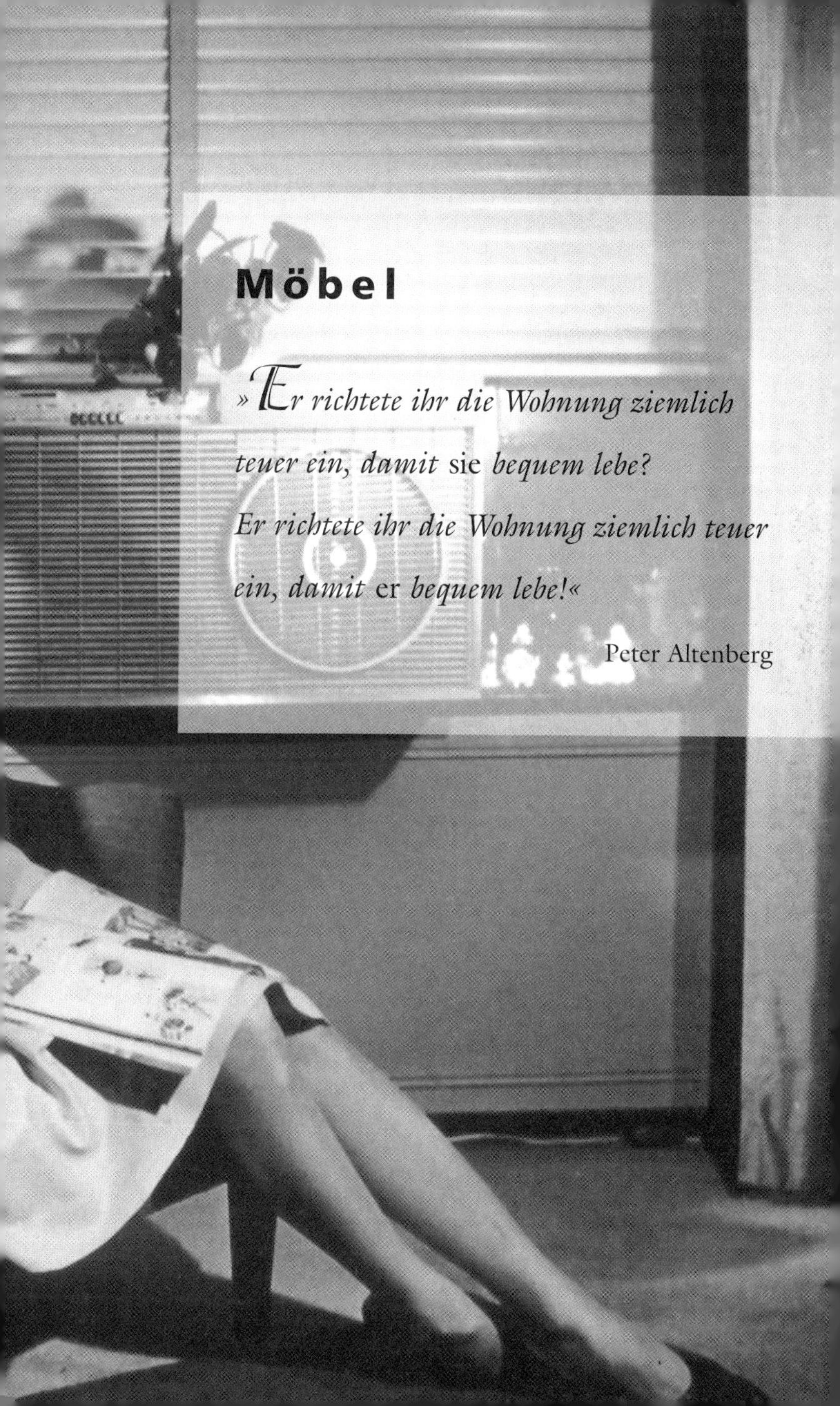

Möbel

»*Er richtete ihr die Wohnung ziemlich teuer ein, damit* sie *bequem lebe? Er richtete ihr die Wohnung ziemlich teuer ein, damit* er *bequem lebe!*«

Peter Altenberg

Anlässe, anderen die Wohnung aufzumöbeln

Möbel und schöne Einrichtungsgegenstände zählen zwar noch zu den Top-Ten der Geschenke, doch nur wenige Frauen sind wild darauf.* Kein Wunder: Das Thema Einrichten ist ein sensibler Bereich. Ein Fehlgriff geht da gleich mächtig ins Auge. Als bester Anlaß kann sicher ein Umzug dienen. Nicht nur deshalb, weil dabei so manches schöne Stück in die Brüche geht und frau sich für Ersatz leicht begeistert. Ein anderer guter Anlaß: Wenn die Tochter oder Enkelin die erste eigene Wohnung bezieht, freut sie sich über jede Einrichtungshilfe. Größere Möbelstücke aber bitte nur auf ausdrücklichen Wunsch schenken.

Wie schenkt man Möbel und Einrichtungsgegenstände?

Einen riesigen Schiebetürenschrak kann man nur mit Mühe in Geschenkpapier wickeln. Und eine schöne antike Kommode oder ein aparter Jugendstil-Nachttisch haben eine Verpackung schon gar nicht nötig.

* Nur 1,8 Prozent aller Frauen

Am besten das edle Stück an einem geeigneten Platz drapieren und auf den Jubelschrei warten.

Alles fürs Frauenzimmer

Möbel für die Tochter

Wenn Sie unter der »Nesthockerei« Ihrer Tochter leiden, schenken Sie Ihr besser eine Reise. Doch wenn sie sich zum eigenen Haushalt entschlossen haben sollte, können Sie ihr mit Möbelgeschenken praktischerweise viel Freude bereiten. Schenken Sie möglichst nur solche Dinge, die nicht gleich Speditionsprobleme bereiten oder den Fahrstuhl des Appartementhauses überfordern. Aus diesen Gründen aber zu einer Hängematte oder Campingmöbeln zu greifen, hängt Ihnen höchstens den Ruf des sparsamen Schwaben an.

Patentes für die Patentochter

Der Patentochter möchten Sie doch sicher mit sinnvollen Gaben für ihren Lebensweg zur Seite stehen. Wie wär's denn zum Beispiel mit Rutschen, Kinderstühlchen, Schaukelpferdchen und ähnlichen die Kindheit prägenden Möbelchen? Auch das obligate, klappbare Eßtischchen ist immer wieder ein probates Geschenk.

Einrichtungsgegenstände, die Ehefrauen und LAGs richtig glücklich machen

Bügelbretter sind als Geschenk immer tabu, eignen sich höchstens für die Schwiegermutter als dezente Aufforderung, sich über ihre wenig hilfreichen Ratschläge hinaus endlich nützlich zu machen. Bei Möbelgeschenken an die Partnerin gilt: Bitte bedenken, daß das teure Stück Ihre gemeinsame Wohnung ziert. Wenn es in Ihrer Beziehung schon ein wenig kriseln sollte: Flexible Möbel-Modulsysteme lassen sich bei Trennungen besser – und ohne Säge – aufteilen.

Möbelgeschenke für Frau Mama?

Sicher nicht der Weisheit letzter Schluß.

Davon ergreifen Omis gerne Besitz

Lindenstraße, Praxis Bülowbogen, Unser Lehrer Dr. Specht, Talkshows mit Meiser, Fliege, Schreinemakers: Omis brauchen viel Sitzfleisch für die vielen ausgedehnten Fernsehabende und -vorabende. Ein neuer komfortabler Fernsehsessel kommt also immer gut an.

Kolleginnen, Nachbarinnen und andere liebenswerte Frauenzimmer

bitte nicht mit Möbeln vollstellen.

Möbelstücke, die bei 18–29jährigen etwas hermachen

Selbst wenn Ihre Tochter oder Freundin zum Typus »jung, eigenwillig und überhaupt nicht konsumig drauf« gehört: Obstkisten als Bücherregal schenkt man nie. Sie müssen sonst damit rechnen, daß – je nach Art der Beziehung –

- Ihre Sachen in dieser Kiste per Post (Porto zahlt Empfänger) zu Ihnen geschickt werden,
- eine hohe Sperrmüllrechnung Sie erreicht,
- beim Abfackeln der Kisten gleich das von Ihnen finanzierte Appartement mit ein Opfer der Flammen wird.

Miss Young mag je nach Typ umweltfreundliche Biomöbel, flippige Designerstücke oder exotischen Wohnzierat. Bevor es ihr also zu bunt wird, sollten Sie lieber Ihre grauen Zellen anstrengen und sich gründlich im privaten Reich der Dame umsehen. Sehen Sie dort nur preiswert erstandene Antiquitäten, ist die schwedische Kommode zum Selberbauen sicher unerwünscht.

Interieurs, die 30–49jährige bezaubern

Cocooning ist der aktuelle Trend: »Positiv leben im eigenen Heim« läßt sich dieses »Einigeln« vom Feeling her beschreiben. Wenn Politik und Wetter nicht so sonnig sind, steigt die Motivation, es sich zu Hause schönzumachen. Helle Farben und die Kombination von Einzelmöbeln sind en vogue. Diese Tendenz zu mehr Leichtigkeit ist den USA abgeguckt, wo die Shaker-Sekte schon vor Jahrzehnten gradlinige, puristische Möbel entwickelt hat, die heute beim gehobenen Mittelstand gefragt sind. Frauen von 30 bis 50 legen Wert auf Qualität (bei Männern auch auf Qualitäten). Mit Schnickschnack können Sie höchstens einer ewig pubertierende Frau vom Typ Joan Collins Avancen machen.

Feines fürs Ambiente von Frauen mit 50plus

Frisch, fröhlich, fit und fünfzig – Damen dieses Alters haben längst alles, was ihre Wohnung ziert. Hier können Sie höchstens mit einer schönen Antiquität oder einem tollen Spiegel, einer kleinen Sammlervitrine oder einem hübschen Einzelsessel glänzen. Aber bloß keinen Schaukelstuhl! Jede Frau fühlt sich dadurch sofort in die »Oma-Ecke« abgedrängt.

Fürchten Sie ihre Rache: Möglicherweise schleppt sie Sie dann zu einer ausgiebigen Möbelhaustour. Die größten Einrichtungshäuser haben Flächen von zigtausend Quadratmetern. Da sind Sie schnell mal einige Kilometer unterwegs. Vielleicht schenkt sie Ihnen den Schaukelstuhl dann für Ihre Rekonvaleszenz zurück.

Ausreden, die Sie vor dem Vermöbeln schützen können

Sie haben der lieben Tochter ein flottes Cabrio versprochen, schenken Ihr statt dessen aber eine großräumige Wohnwand in echt Gelsenkirchener Barock: »Kindchen, hier erst einmal die Garage. Das Auto folgt dann nächstes Jahr.«

Parfum

»Ich trage nachts nichts außer ein paar Tropfen Chanel No 5.«

Marilyn Monroe

Dufte Anlässe gibt es genug!

Bei Parfumgeschenken liegt immer etwas Besonderes in der Luft. Beachten Sie dazu einige kleine Merksätze:

1. Regel: Parfümerien machen zwar fast 50 Prozent des Jahresumsatzes kurz vor Weihnachten, doch Parfum wird von Frauen als Mitbringsel eingestuft, nicht als Geschenk.

2. Regel: Frauen mögen es nicht, wenn Mann ihnen einen neuen Duft spendiert. Selbst ist die Frau! Neue Düfte werden von ihr selbst getestet. Denn ein Parfum duftet – je nach Grundnote – auf jeder Haut anders.

3. Regel: Parfum eignet sich bestens dafür, der Auserwählten eine kleine Freude zu bereiten. An Nikolaus, zum Muttertag, nach Geschäftsreisen (zum Beispiel aus dem Duty-free-Shop), für Krankenhausbesuche …

Wie schenkt man Parfum?

Wie gesagt: keine Experimente! Nur den Duft, beziehungsweise die Marke schenken, die die Dame schon benutzt. Auch nicht gleich die Familienflasche schenken! Lieber zum kleinen Flakon noch eine andere Aufmerksamkeit dazukomponieren. Alles hübsch verpacken lassen und bei passender Gelegenheit neben die Kaffeetasse auf den Frühstückstisch legen. Ganz besonders dufte Typen laden Ihre Angebetete übrigens zu einem Ausflug nach Grasse in der Provence ein. Dort leben die sogenannten »Nasen« – die Parfumschöpfer. Wem einer dieser Duftspezialisten ein ganz individuelles Parfum für die Herzallerliebste kreiert, der sichert sich einen Spitzenplatz in ihrer Gunst.

Die Parfumindustrie unterhält übrigens ein ganzes Heer von sogenannten »Scent-Trekkern« (»Duftsuchern«), die rund um den Globus, mit Glaskolben bewaffnet, hinter besonderen Düften herjagen. In den 80er Jahren waren die Düfte laut und aggressiv, in den 90ern sind sie transparent wie Wasser und leicht wie Wolken. Und wie sieht es für die Zukunft aus? Ein Scent-Trekker gibt Auskunft: »Der Trend geht in Richtung Dynamik, Schnelligkeit und Gefahr. Auch Cyberspace liegt gut im Rennen – der Duft von Plastik, Chips, Laptops ...« Ade, du schöne Welt der romantisch-natürlichen Düfte!

Düfte für jede Dame

Welche Essenzen Frauen zwischen 18 und 29 betören

Kölnisches Wasser kennen die Girlies, Teens und Twens von heute höchstens aus den Wasserstandsmeldungen bei kritischer Hochwasserlage am Rhein. Kleinodien des Duftes von Calvin Klein oder zum Beispiel adidas sport sind besser notiert. Oder probieren Sie's doch mal mit Cybersp@ce. Der Duft ist nicht virtuell, sondern echt. Hugo können Sie nicht nur Ihrem Boss schenken (falls er Ihnen eine Gehaltserhöhung genehmigt hat), sondern auch einer modebewußten jungen Dame (dann natürlich »Hugo woman«).

Welche Düfte Frauen von 30–49 becircen

Die souverän-selbstbewußte Frau in diesem Alter gibt sich gerne unabhängig und von eigenständigem Geschmack. Eher romantische Gemüter neigen zu Düften wie Roma von Laura Biagiotti oder Champs Elysées von Guerlain. Die Dame in diesem Alter unterscheidet sehr genau zwischen dem »Businessduft« und dem Parfum für den festlichen Auftritt. Elegante Karrierefrauen geben im Büro ihre Duftnote lieber mit zum Beispiel Angel von Thierry Mugler. Für die abendliche Eleganzshow geeignet: Sculpture von Nikos. Auf jeden Fall aber die Anweisung im Kästchen strikt befolgen!

Wofür Damen ab 50 eine gute Nase haben

Die Neigung zu süßlich-schwerem Parfum ist proportional zum Alter (sagen Zyniker). Stimmt aber nicht. Moderne Frauen vom Typus »Erst ab 50 bin ich richtig sexy« (Beispiele wie Jane Fonda oder Hannelore Elsner sind jederMann bekannt) stehen mehr auf fresh-dropped Fragrances wie Trésor. Jenseits der 65 sollten Sie mit einem Parfum aber mehr die nichtsexuellen Aspekte der Attraktivität betonen. Bei Ihrer Schwiegermutter oder der besten Freundin Ihrer Frau gilt das natürlich prinzipiell – unabhängig vom Alter der Dame.

Was der Tochter olfaktorisch behagt

Da die meisten Modehersteller ihre »Weltanschauung« höchst lukrativ in ein Duftwasser einfließen lassen, brauchen Sie sich bei Parfumgeschenken an sie nur von den Labels ihrer Kleidungsstücke leiten lassen. Aber denken Sie daran: CK, Diesel, KL etc. sind Modemarken, Cotton, Viskose etc. sind dagegen

Materialangaben, mit denen Sie sich in einer Parfümerie höchstens den Status »Ignorant par excellence« verschaffen können.
Kleidet sich die Tochter nicht mit Markennamen, lassen Sie sich in der Parfumerie beraten, und greifen Sie auf keinen Fall auf duftende Billigprodukte zurück. Diese Duftnoten sind äußerst penetrant und lassen sich auch durch stundenlanges Lüften nicht vertreiben.

Duftiges für die Auserwählte

Wenn Sie ein gemeinsames Bad nutzen: Achten Sie darauf, zu welchen Duftflakons sie greift. Kaufen Sie auf keinen Fall irgend etwas anderes. »Don't innovate: imitate!« – drehen Sie den Slogan einer Parfumwerbung hier ganz einfach um.

So schnuppert Ihre Schwester keine Morgenluft

Auch Schwestern sind nicht gerade die ideale Adresse für Parfumgeschenke. Sie können ihr aber großzügigerweise Muttis Sammlung leerer Parfumfläschchen überlassen.

Patentöchtern Parfum schenken – eine anrüchige Idee

Damit ist dazu alles Wesentliche gesagt.

Mama und Omi – eine Duftallianz

Mütter und Großmütter bilden in Sachen Parfum sozusagen eine Entente. Doch wenn Sie ihnen immer wieder die gleiche Eau-de-Cologne-Marke schenken, wird ihnen das irgendwann bestimmt heftigst stinken.

Wie man das Riechorgan der Geliebten betört

Madame Pompadour – Frankreichs bekannteste Mätresse – ist auch die Inkarnation der ersten Kosmetikkampagne. Unter Ludwig XIV., dem berühmten Sonnenkönig, wurde dank ihr der Parfumgebrauch in Frankreich höchst populär. Parfum ist also schon eine klassische Geschenkidee für die Geliebte.

Geschenkideen in Serie

Nicht immer nur das gleiche Parfum schenken – es gibt doch so schöne komplette Serien: Parfum, Seife, Bath + Showergel, Pflegecreme, Sunbalm, bis hin zur speziellen Eye-Care-Cream. Natürlich nur nach Beratung oder genauer Wunschangabe schenken!

Geschenke, die ihr gut zu Gesicht stehen

Es muß nicht immer ein Duft sein: Eine Frau freut sich auch über dekorative Kosmetik – aber nur in Form eines Gutscheins für einen Besuch bei der Kosmetikerin. Denn außer Visagisten verstehen Männer nun mal wirklich nichts vom Schminken. Blicken Sie dieser Erkenntnis tapfer ins Gesicht, und freuen Sie sich, wenn Ihre Frau oder Freundin dann zum Beispiel als Vamp aufgestylt von der Kosmetikerin kommt. Noch besser als ein Gutschein für das Kosmetikstudio ist ein Weekend auf der Schönheitsfarm. Das ist (siehe Seite 22) der Geschenkfavorit Nr. 2!

Ausreden, denen nicht gleich das Odium der Lüge anhaftet

Sie haben Ihrer Frau oder Freundin statt Chanel No 5 ein Ohhh de Cologne geschenkt: »Liebste, heute ist Trash angesagt. ABBA, Heinz Erhard, Roy Black: All der Kitsch der 70er Jahre ist wieder in. Da habe ich dir dein geliebtes Chanel einfach in ein Eau de Cologne-Fläschen umgefüllt.« Sollte diese oder eine ähnliche Ausrede nichts nützen: Schnell verduften! (Tut Eau de Cologne übrigens nicht.) Anders, wenn sie mit dem Parfumgeschenk einer Nobelmarke nicht zufrieden ist, weil sie sich ein gleichnamiges Outfit versprochen hatte. Souveräne Männer antworten in solchen Fällen ganz einfach, daß nichts sie so gut kleidet wie dieses Nichts von einem Duft eines großen Meistercouturiers.

Peinlichkeiten, die Frauen absolut nicht riechen können

• Einer jungen, modebewußten Frau um Himmels willen nicht gerade ein Eau de Cologne schenken!
• Wenn's schon 08/15 sein soll, dann vom Teureren, zum Beispiel Chanel No 5 oder CK One von Calvin Klein.
• Nie ein Herrenparfum schenken, womöglich gar ein After Shave.

Die beliebtesten Parfums

1. Ihr Lieblingsduft
2. Ihr Lieblingsduft
3. Ihr Lieblingsduft

Bücher

»Der Leser hat's gut: Er kann sich seine Schriftsteller aussuchen.«

Kurt Tucholsky

Der auserlesene Anlaß

Geburtstag, Weihnachten, Urlaub, Konfirmation, Muttertag, Ehekrise … zu nahezu jedem Anlaß gibt es das passende Buch. Den schlechten Platz in der Wunschhierarchie* machen Bücher durch ihre – im wahrsten Sinne des Wortes – Vielseitigkeit wieder wett. Bücher sind das klassische Mitbringsel, werden also weniger als Geschenk denn als kleine Aufmerksamkeit gesehen. Ein guter Tip: Frauen mögen witzige Romane und Krimis. Vor allem Krimis, die von Frauen geschrieben wurden. Wenn aber Ihre Frau die Handlung dann mit Ihnen nachspielt: Wir übernehmen keine Haftung!

Wie schenkt man Bücher?

Ein Buchgeschenk läßt sich nur schlecht tarnen: Nach kurzem Tasten ruft die Beschenkte – je nach Lesefreudigkeit zwischen Enttäuschung und Enthusiasmus changierend – »Oh, ein Buch!« Leicht läßt sich dieser Effekt durch eine etwas phantasievollere Verpackung vermeiden. Bücher nicht wie einen Ziegelstein verschenken, es gibt raffiniertere Methoden!

* 11. und letzter Platz mit sage und schreibe nur 0,5 Prozent-Nennung.

Zum Beispiel einen Liebesroman in einen Riesenstrauß Rosen hüllen. Oder einen Reiseführer durch Zugabe eines Flugtickets, alles in einer Reisetasche verpackt, zum Traumgeschenk ausbauen. Auch Bild- und Kunstbände eignen sich bestens als Geschenk. In ganz bestimmten Fällen (wenn nämlich Ihre Frau schon alles hat) geht sogar dieses kleine Büchlein als Geschenk durch.

Lesestoff an die Frau bringen

Buchgeschenke, die 18–29jährige beglücken

Die jungen Damen, die gerade dem Teeniealter entwachsen sind, erfreuen Sie sicher nicht gerade mit einem Walther-von-der-Vogelweide-Gedichtband. Entweder ist ihnen diese Lektüre von quälend langweiligen Deutschstunden her verleidet, oder sie denken bei Lyrik eher an die wortmächtige Alltagspoesie von Popgruppen wie Tic Tac Toe. Schenken Sie auch nicht den Steady-Seller von den guten und bösen Mädchen. Den hat jedes junge Girl schon zigfach verehrt bekommen. Eruieren Sie lieber die Coolness-Skala der jungen Dame (»Mensch, Freeclimbing finde ich echt cool«), und schenken Sie das passende

Handbuch des Freihandkletterns, des Paraglidens, des ... Auch Romane von zeitgenössischen Autorinnen stehen hoch im Kurs. Vorausgesetzt, die schreibende Dame hat Biß (Kathy Lette, Binnie Kirshenbaum ...).

Buchpräsente, die bei 30–49jährigen ankommen

Mal abgesehen von den verschiedenen Sozialschichten, dem Bildungsniveau und der individuellen Interessenlage: Einer Frau in den besten Jahren schenkt man nicht irgendeinen Bestseller, sondern besondere Aufmerksamkeit. Bei Buchgeschenken heißt das: Sie stöbern besser in einem Antiquariat nach einem schönen Jugendstilband oder einer Erstausgabe von Thomas Mann, als daß Sie mit dem x-ten Simmel oder gar einer Konsalikschwarte (ultimativer Titel: »Der Frauenarzt von Stalingate«) ihre Zuneigung aufs Spiel setzen. Beliebt sind aber auch aktuelle Romane, die die Leserin darin bestärken, daß Frauen die besseren Menschen sind.

Buchgaben, die ältere Damen erlaben

Frauen von 50 und darüber erhoffen sich von einem Buchgeschenk eine Bestätigung ihres guten Geschmacks und ihrer Lebenshaltung. Ist die Dame eher konservativ und moniert den Verfall der Sitten: Aktuelle Liebesromane kommen bei ihr sicher nicht so gut an. Besser sind da Biographien bedeutender Frauen, aufwendige Hobbybücher (zum Beispiel zu den Themen »Schöner Garten«, »Erlesene Tischkultur«) oder ein wirklich anspruchsvoller Roman. Für diese Altersgruppe sind aber auch gute Krimis (vor allem die perfiden Männermordgeschichten von Ingrid Noll) ein todsicherer Tip.

Vielseitiges für die 16jährige Tochter

Hoffentlich gehört Ihr Töchterchen nicht zu den beklagenswerten Nichtlesern, die höchstens noch das Buch als Beigabe zur Fernsehserie kennen. Erretten Sie sie vor dem Analphabetismus der 3. Art (Enzensberger): Testen Sie vorab mit Optikerlesetafeln ihren Leselevel. Wenn sie auch das Kleingedruckte lesen kann, ist sie noch nicht verloren. Belohnen Sie sie jetzt aus lauter Sentimentalität aber nicht gleich mit zum Beispiel einer Goethe-Gesamtausgabe. Zum Einlesen reicht vielleicht schon eine bebilderte Edition von Faust I.

Neue Geschenkseiten bei der Partnerin aufschlagen

Wächst der Bücherstapel auf dem Nachttisch Ihrer Herzallerliebsten bedenklich nach oben? Dann ist von weiteren Buchgeschenken zuverlässig abzuraten. Übrigens: Schließen Sie von Ihrem eigenen Literatur-Ignoranzlevel nicht auf den Ihrer Mitmenschen. Frauen sind die Jeanne d´Arcs der Belletristik. Ohne sie würden viele Verlage längst schon auf riesigen Bücherbergen sitzen.

Bücher für die beste Freundin

Nur Bücher schenken, die Sie selbst gelesen haben.

Lektüre für die Erbtante

Bücher mit Anlagetips, Börsenstrategien, Immobilienratgeber, Bankengeschäftsberichte, Biographien großer Kapitalisten wie Rockefeller oder kapitaler Humoristen wie Marx (Groucho, nicht Karl).

Lesespaß für die Schwester

Hier bietet sich idealerweise das Recycling von alten Buchgeschenken an. Auch die gemeinsamen Jugendbücher können Sie ihr – falls ohne antiquarischen Wert – ruhig einmal schenken. Sie wird ob Ihrer sentimentalen Anwandlung gerührt sein, und Sie können endlich einmal den Dachboden ausmisten.

Rettet den Papierverbrauch: Schenkt Bücher!

Mit einem Buchgeschenk genießen Sie das Gefühl, der Retter einer aussterbenden Kultur zu sein. Wir nähern uns dem Millenium, zu dessen endzeitlichen Gesängen auch die stete Klage über das Verschwinden der Buchkultur gehört. Blaßgesichtige Menschen, auch Lektoren genannt, brüten in kleinen, spärlich erleuchteten Kämmerchen über Manuskripten, die sie zu Bestsellern umfrisieren, um Unternehmen der Buchherstellung, auch Verlage genannt, ein Überleben zu sichern. So will es das Klischee.

Wenn man Computerfreaks und TV-Konsumenten Glauben schenken will, ein scheinbar hoffnungsloses Unterfangen. Doch Jahr für Jahr gibt es allein in Deutschland über 60 000 Neuerscheinungen, die sich zu Zigmillionen sogenannter Backlist-Titeln gesellen. Angenommen, von jedem neuen Buch werden nur 1000 Exemplare aufgelegt, ergibt dies die stattliche Zahl von rund 60 Millionen Büchern. Da müssen Sie mit Ihrem Buchgeschenk einfach dazu beitragen, daß uns dieser Bücherberg nicht eines Tages den Ausblick auf die Alpen oder die Bohrinseln in der Nordsee verstellt. Und vielleicht haben Sie ja wieder einen Menschen vom Bildschirmautisten zum aufgeweckten Leser bekehrt.

Ausreden beim falschen Geschenk

Hier das Muster für eine klassische Ausrede: Wenn Sie einer Botho-Strauß-Verehrerin versehentlich eine Johann-Strauß-Biographie geschenkt haben: »Du, Botho Strauß arbeitet zur Zeit am Libretto für eine Operette, in der er seinen Großonkel Josef zu einem anschwellenden Bocksgesang antreten lassen wird...« Dieses Muster läßt sich genauso auf Thomas und Heinrich Mann, auf Joseph, Philip und Eugen Roth, auf Georg und Johannes Mario Simmel anwenden.

Bücher, von denen Sie die Finger lassen sollten

Das Handbuch des Terrorismus, das große Buch vom Büchermachen, das 18. Buch Mose, die Machofibel, das Tagebuch eines Maulwurfs, alle Bücher zu allen Fernsehserien dieser Welt.

Krimiautorinnen, die Kurzweil versprechen:

Patricia Highsmith
Ruth Rendell
Elizabeth George
Dorothy Sayers
Patricia Cornwell
Ingrid Noll
Sarah Dreher
Minette Walters
Donna Leon

Ignoranzlevel-Test

*»Einem Mann, der behauptet,
die Frauen zu kennen, darf man
auch sonst nicht glauben.«*

George Bernard Shaw

Last-Minute-Words

Jetzt haben Sie einen kleinen Überblick über die Dinge, die bei Frauen gut ankommen. Natürlich konnte damit das Thema Schenken nur in Ansätzen skizziert werden. Von Pralinen bis Brillanten zeigt sich die Welt des Schenkens schließlich so vielfältig wie das Leben selbst. Und das richtige Schenken ist und bleibt nach wie vor eine hohe Kunst.*

Noch eine allerletzte Anmerkung, die Ihnen beim Auftreten einer erneuten Geschenkamnesie helfen kann. Verhalten Sie sich nach der klassischen Logik des Geschenkvorgangs:

1. Bestimmen
2. Finden
3. Verpacken
4. Überreichen

Die übliche Denk- und Handlungsblockade haben Männer zumeist schon bei der Bestimmung, da sie die Vorlieben und Wünsche der Zieldame meist im entscheidenden Moment vergessen haben. Sollte Ihnen wieder einmal dieses Syndrom blühen: Sofort in diesem Büchlein nachschauen. Greifen Sie unsere

* Rund 17 Prozent der Frauen würden sich gerne ein Bild oder Gemälde von einem Maler ihrer Wahl schenken lassen.

Anregungen auf. Lassen Sie sich inspirieren. Natürlich können wir Ihnen nur Tips und Ratschläge geben. Die richtigen Adressen für den Einkauf müssen Sie schon selbst finden.
Machen Sie jetzt zum Schluß noch unseren großen Ignoranzlevel-Test. Wenn Sie hier gut abschneiden, können Sie das Büchlein anschließend gleich weiterverschenken.

Test:

Ermitteln Sie Ihren persönlichen Ignoranzlevel

Sehr geehrte Herren,
das ist ein Test für Sie! Keine falsche Scham, keine große Sorge: Schenkblockaden sind ein Problem für jeden Mann. Wir wollen Ihnen nur helfen, Ihren persönlichen Ignoranzlevel zu ermitteln. Das hilft Ihnen in Zukunft, Ihre Geschenkaktivitäten streßfreier zu planen. Es erhöht zudem ganz signifikant die Chance auf ungespielte Überraschung, wahrhaftige Aha-Effekte und dauerhafte Dankbarkeit bei den Beschenkten.
Zur Handhabung des Tests: Beantworten Sie die Fragen spontan, ohne langes Räsonieren. Ihre Punkte

zählen Sie zusammen. Auf der Seite 126 finden Sie, der persönlichen Punktzahl entsprechend, eine kurze Expertise über Ihre Anlagen und Fähigkeiten. Das Ergebnis gibt Ihnen darüber hinaus einen klaren Hinweis darauf, wie nötig Sie den vorliegenden Ratgeber wirklich haben.

Frage 1: Wunsch erfahren

Wie gehen Sie vor, wenn Sie den Weihnachtswunsch Ihrer Liebsten in Erfahrung bringen wollen?

☐ Ich gebe Ihr einen Katalog zum Ankreuzen (bis 250 DM). 15 Punkte

☐ Ich kenne die Wünsche meiner Frau noch vom letzten Jahr. 10 Punkte

☐ Die will immer Schmuck. 5 Punkte

☐ Ich frage meine Exfreundin um Rat. 0 Punkte

Frage 2: Geschenk besorgen

Ihre Freundin oder Frau hat übermorgen Geburtstag. Wann besorgen Sie ihr Geschenk?

☐ Das hat noch Zeit bis morgen abend. 10 Punkte

☐ Ich habe das Geschenk schon vor sechs Monaten gekauft. 15 Punkte

☐ Gut, daß Sie mich daran erinnern! 2 Punkte

☐ Meine Sekretärin besorgt das Geschenk. 0 Punkte.

Frage 3: Städtereisen

Städtereisen stehen ganz oben auf der Wunschliste der Damen. Welchen City-Weekend-Trip würden Sie ihr schenken?

☐ Cuxhaven, von da aus kann man nach Helgoland (billig Schnaps einkaufen). 2,5 Promille

☐ Einkaufsstadt CentrO Oberhausen. 5 Punkte

☐ Meine Mutter fährt immer nach Bad Münstereifel 0 Punkte

☐ Mailand, Via Montenapoleone (Achtung: der Offenbarungseid droht). 15 Punkte

Frage 4: Schönheitsfarm

Wir wissen, daß Frauen gerne einige Tage auf einer Schönheitsfarm entspannen. Wäre das ein Geschenk für Ihre Herzensdame?

☐ Nur, wenn ich nicht dabei bin. 15 Punkte

☐ Urlaub auf dem Bauernhof würde uns beiden guttun. 5 Punkte

☐ Ich hab's ihr schon mehrmals empfohlen. 0 Punkte

☐ Meine Mutter meint: nein. 0 Punkte

Frage 5: Abendessen

Sie führen Ihre Frau nach drei Jahren zum ersten Mal wieder groß aus: ein romantisches Abendessen!

Damit aber auch wirklich nichts schiefgeht, sollten Sie das Arrangement sorgfältig vorbereiten. Wie gehen Sie dabei vor?

☐ Ich bestelle um 18.00 Uhr den Tisch bei meinem Kumpel Luigi in der Pizzeria Due Donne. 5 Punkte

☐ Da ich im Besitz von zwei Eß-Gutscheinen bin, dürfte das Arrangement kein Problem mehr sein. 2 Punkte

☐ Ich bestelle rechtzeitig drei Monate vorher einen Tisch am Fenster des Drei-Sterne-Hauses, erkundige mich nach dem Angebot an großen Bordeaux und kleinen Amuse-gueules. Ich notiere die Namen des Chef de rang, des Sauciers, die Zutaten des Bisque de hommard und der Plat du fromage. Ich lerne zu zitieren: die Verse Lord Byrons, die Reime Heines, die Gedichte Goethes. Ich studiere den kleinen Johnson und den großen Brockhaus. 20 Punkte

Frage 6: Pflanzen

Laßt Blumen sprechen! Aber zu welchem Anlaß? Sensibles Einfühlungsvermögen beweisen Männer bei der Auswahl von Pflanzengeschenken. Es dürfte deshalb keine große Herausforderung für Sie sein, Anlaß und Angebot treffend zu bestimmen.

☐ Rote Rosen erfreuen die frisch Geschiedene. 0 Punkte

☐ Für die Frau des Chefs besorge ich schöne Seidenblumen. 5 Punkte

☐ Meine Frau kriegt die 40 Tulpen im Angebot. 10 Punkte

☐ Ich lasse die nette Floristin auswählen, bei der meine Freundin immer Blumen kauft. 15 Punkte

Frage 7: Geld

Geldgeschenke gelten als besonders heikel. Das betrifft die Höhe der Summen, noch mehr indessen die Art und Weise der Überreichung. Wir setzen deshalb einen Betrag von 1000 DM. Uns interessiert, wie Sie solch ein schönes Sümmchen verschenken.

☐ Ich erhöhe das Haushaltsgeld, jeweils 500 DM für die folgenden beiden Monate. 0 Punkte

☐ Ich zahle den Betrag auf ihr Festgeldkonto ein, hochverzinslich bei einjähriger Laufzeit. 5 Punkte

☐ Ich rolle das Scheinchen und verstecke es in ihrem Kosmetikköfferchen. 10 Punkte

☐ Ich setze den Betrag als Belohnung aus, als Anerkennung für eine besondere Leistung, zum Beispiel wenn sie es schafft, zwei Jahre nicht zu rauchen. 10 Punkte

Frage 8: Kleidung

Wir wissen, nichts ist schwieriger als Kleidung zu verschenken. Männer sind kaum dazu in der Lage, sich selbst vernünftig einzukleiden. Sie bedürfen dabei Führung und Fürsorge. Trotzdem: Gelegentlich wünschen sich auch Frauen ein neues Kleid oder eine neue Bluse. Ihr Einsatz ist gefordert. Wie reagieren Sie?

☐ Ich gebe Ihr meine Kreditkarte und besuche die Morgenandacht. 10 Punkte

☐ Ich ziehe selbst los und suche einen passenden Hosenrock oder eine Blusenkleid-Kombination. 0 Punkte

☐ Ich begleite und unterstütze Sie bei der Auswahl, indem ich mich still in eine Ecke setze. Nach meiner Meinung gefragt, antworte ich: Toll, mein Schatz. Zum Schluß zahle ich. 15 Punkte

Frage 9: Erinnerungsvermögen

Das Erinnerungsvermögen von Männern in Bezug auf Wünsche und Geschenke gilt als außergewöhnlich ausgeprägt. Die Frage sei deshalb erlaubt: Erinnern Sie sich noch daran, was Sie Ihrer Dame zum letzten Geburtstag geschenkt haben?

☐ Ja, natürlich, das war, warten Sie mal, das war, das war, das war wirklich originell, aber … 0 Punkte

☐ Natürlich Schmuck, was sonst? 5 Punkte

☐ Daß ich meiner Freundin jedes Jahr zum Geburtstag das gleiche schenke, spricht für mein Erinnerungsvermögen. 10 Punkte

☐ Ich schenkte ihr Dessous, sie schenkte mir den Abend. 15 Punkte

Frage 10

Die letzte Frage appelliert an Ehrlichkeit und Ehrgefühl: Wann wurden Sie zum letzten Mal für ein originelles, passendes, großzügiges, nützliches Geschenk von einer Frau gelobt?

☐ Das war 1957, glaube ich. 5 Punkte

☐ Erst kürzlich, meine Tante wurde beerdigt. Ihre Tochter, meine Cousine, bedankte sich für den schönen Kranz. 1 Punkt

☐ Das war in der Woche nach Weihnachten. Eine junge Dame vom Roten Kreuz bedankte sich bei mir für die Kleider meiner Frau. 15 Punkte

☐ Ich habe meiner Mutter ein Foto von mir geschenkt, und sie hat sich sehr darüber gefreut. 0 Punkte

Auswertung

0–20 Punkte

Eijeijeijeijeijei! Sind Sie Junggeselle? Geschieden? Seit 35 Jahren verheiratet? Ach, Sie leben bei Ihrer Mutter! Das hätten wir uns natürlich denken können. Soso, Sie wollen ab sofort den Geschenke-Ratgeber nutzen. Junger Mann, Sie brauchen keinen Geschenke-Ratgeber – das ist zwecklos. Wir empfehlen statt dessen: Immer erst die Mama fragen!

21–50 Punkte

Jau, schon besser, aber immer noch die Hochebene der Ignoranz. Sie gehören allerdings zur klassischen Zielgruppe unseres kleinen Ratgebers. Sie sollten ihn ständig bei sich führen und auf seine Hilfe vertrauen. Ah, das tun Sie bereits! Sie haben sogar schon einen City-Weekend-Trip gebucht? Na bitte! Wie bitte? Zum Vollrausch mit Ihren Skat-Kumpels nach Antwerpen! Da müssen wir passen!

51–80 Punkte

Durchschnittsabi, Durchschnittseinkommen, Durchschnittsexistenz, durchschnittliche Punktzahl –

Schulterzucken auch bei uns. Ihre Geschenke: immer irgendwie passend, aber nie originell: nie ein Fauxpas, aber eben auch nie Jubel, Verzückung, ewige Dankbarkeit. Tja, was sollen wir Ihnen empfehlen? Nur eins vielleicht: Schenken Sie gelegentlich unserem Ratgeber Ihre Aufmerksamkeit.

81–110 Punkte

Kompliment! Allenfalls 5 Prozent der deutschsprachigen Männer beherrschen die Kunst des Schenkens so wie Sie. Wie? Für Sie ist Schenken auch eine der schönsten Gelegenheiten, seinen Mitmenschen eine Freude zu machen? Und Ihre Sekretärin weiß ganz genau, wo sie das Lieblingsparfum für Ihre werte Gattin kaufen muß? Wir hatten uns schon gewundert.

111–150 Punkte

Gratulation! Unverhohlener Respekt! Schön, daß Sie sich die Mühe gemacht haben, diesen Ignoranz-Test auszufüllen. Es wäre nicht nötig gewesen.
Legen Sie bitte den Geschenke-Ratgeber zur Seite. Es ist uns schon ein bißchen peinlich, dem einzigen Großmeister in dieser Disziplin Tips zu geben. Außerdem beglückwünschen wir Ihre Partnerin zu einem Mann wie Ihnen. Augenblick!? Was sagen Sie? Ihr Sohn hat gar keine Partnerin?

Bildnachweis

S. 6	Archive Photos/American Stock
S. 10/11	Mauritius/Benelux press
S. 22/23	Mauritius/Benelux press
S. 28/29	Transglobe/Archive Photos/Comerique
S. 36/37	Archive Photos
S. 48/49	Archive Photos/Camerique
S. 56/57	SSI/Bavaria
S. 62/63	Mauritius/Benelux press
S. 77	FPG/Bavaria
S. 78/79	SSI/Bavaria
S. 88/89	SSI/Bavaria
S. 96/97	corry/archive photos
S. 106/107	SSI/Bavaria
S. 116/117	Mauritius/Benelux press